BALZAC

FIVE SHORT STORIES

T0382319

BALZAC
FIVE SHORT STORIES

EDITED BY

ARTHUR TILLEY, M.A.

FELLOW OF KING'S COLLEGE, CAMBRIDGE

CAMBRIDGE
AT THE UNIVERSITY PRESS
1931

CAMBRIDGE
UNIVERSITY PRESS

University Printing House, Cambridge CB2 8BS, United Kingdom

Cambridge University Press is part of the University of Cambridge.

It furthers the University's mission by disseminating knowledge in the pursuit of education, learning and research at the highest international levels of excellence.

www.cambridge.org
Information on this title: www.cambridge.org/9781107505445

© Cambridge University Press 1921

First edition 1921
First published 1921
Reprinted 1931
First paperback edition 2015

A catalogue record for this publication is available from the British Library

ISBN 978-1-107-50544-5 Paperback

PREFACE

THIS presentation of five of Balzac's best short stories needs no long preface. If Balzac does not rank with Mérimée and Maupassant as a master of the short story, if he has not their unfailing command of his art, he has written some undoubted masterpieces. In these he has succeeded by sheer force of creative imagination and penetrating insight into the springs of character. The faults of execution disappear; the pretentious philosopher is lost in the clear-sighted visionary. The five stories are very different in character; the first is a study of provincial life and every-day human passions, the second is a mediæval morality, the fourth is a story of crime, the third and fifth are notes of psychological cases. But all alike have the same arresting quality, the same power of holding captive the imagination.

A. T.

CAMBRIDGE,

May, 1921.

CONTENTS

BALZAC AS A WRITER OF
SHORT STORIES

BALZAC's first novel of any account, *Les Chouans* (1829), was, like Vigny's *Cinq Mars*, Mérimée's *Chronique du règne de Charles IX* and Hugo's *Notre-Dame*, written under the influence of Walter Scott. But while his rivals were inspired by those of Scott's novels which deal with a more or less distant past, such as *Ivanhoe, Kenilworth, Quentin Durward*, Balzac followed the precedent of *Waverley, Guy Mannering*, and the *Antiquary* and chose a period much nearer to his own day. The Highlands of 1745, which Scott portrays with so masterly a hand in *Waverley*, must have been familiar to him from the reports of living witnesses; in *Guy Mannering* he is describing the Edinburgh and the Border of his childhood; in the *Antiquary* he even comes down to the close of the eighteenth century, when he was a grown man[1]. Similarly Balzac's story has for its subject the Chouan rising of 1799, which took place in the year of his birth. It is true that he had not Scott's advantage of describing a society with which he had been familiar from childhood; but before writing his book he had made careful investigations and had studied his subject on the spot. The result is that he has reproduced the atmosphere of the *Chouannerie* with considerable success. But as a work of art his novel has certain defects; it lacks the epic simplicity, directness, and rapidity of Scott's narrative, while the character and career of Mlle de Verneuil are too complicated for an historical novel. It must have been clear to Balzac, when he had completed his task, that his two chief interests were the structure of society and the psychological study of character. Henceforward he would portray that society which most interested him, the society of his day, the

---

[1] Scott was born in 1771.

society which he knew from personal observation and experience.

It was a new adventure, and, like many adventurers who have conquered new worlds, Balzac began modestly. In April 1830 he issued two small volumes, *Scènes de la Vie privée*, each containing three stories: the first, *La Vendetta, Les Dangers de l'Inconduite* (later known as *Gobseck*), and *Le Bal de Sceaux*; the second, *Gloire et Malheur* (*La Maison du Chat-qui-pelote*), *La Paix du Ménage*, and *La Femme vertueuse* (*Une double famille*). The two earliest in date of composition were *La Paix du Ménage*, written in July 1829, and *La Maison du Chat-qui-pelote*, written in the following October. In *La Paix du Ménage*, a story of the fashionable world in which an unfaithful husband is reconciled to his neglected wife at a ball, Balzac is not at his best, but one can detect in it his keen interest in character and in the cross-currents of love and jealousy. In the second story, on the other hand, we have the genesis of the true Balzac. The careful description of the draper's shop in the rue Saint-Denis, which has the sign of a cat playing at rackets, and that of its proprietor M. Guillaume, with his green coat, black velvet breeches, variegated stockings, and square shoes with silver buckles, are admirable illustrations of the method which he made so effectively his own, and which he announces in the preface to these volumes:

Aujourd'hui que toutes les combinaisons possibles paraissent épuisées, que toutes les situations ont été fatiguées, que l'impossible à été tenté, l'auteur croit fermement que les détails seuls constitueront désormais le mérite des ouvrages improprement appelés romans.

This realistic method is here applied to the study of certain social types, especially to the contrast between the aristocratic artist, Théodore de Sommervieux, and his wife Augustine, the daughter of the honest draper. Yet these and the other characters, M. and Mme Guillaume and Joseph Lebas—the draper's chief assistant, who marries his elder daughter—are studied not merely as social types, but also as types of humanity. The same care for detail is displayed in the descriptions of Servin's studio in *La Vendetta*, of the room in which the old usurer Gobseck stored his treasures, and, most elaborate of all, of the house in which Caroline, in the pathetic story of *Une double famille*, lived with her mother. All three stories are examples of Balzac's keen perception of character, and of his insistence that the consequences of crime and sin visit alike the innocent and the guilty. All are true tragedies; *Le Bal de Sceaux*, on the other hand, is a comedy, and Balzac is seldom at his best in comedy.

In October 1830 Balzac began to contribute to *La Revue de Paris* a series of stories of a more romantic character. The scene is laid sometimes in the past, sometimes in a foreign country, while in one or two of the stories a supernatural element is introduced. The first was *L'Élixir de la longue Vie*, and the last, which appeared in December 1832 and January 1833, was *Les Marana*, a story of great power. Balzac also wrote at this time for *La Revue des deux Mondes*, *L'Enfant maudit* (1831), the scene of which is laid in 1591, and *Le Conseil*, afterwards called *Le Message* (February 15, 1832), a tragic story of great possibilities, but marred in the telling by bad taste and bluntness of moral sentiment. To the year 1831 belongs *La Peau de Chagrin*[1], which is something more than a short story. It has for its background the social life of Paris, and the description of the old curiosity shop and of the wizard who owned it is in Balzac's most realistic manner. But, as everyone knows, the story is worked out by the agency of that *diablerie* which was so much in favour with the Romantic School.

La Peau de Chagrin brought fame to its author[2] and in the same year 1831 he reprinted it, together with some of the stories which he had been contributing to *La Revue de Paris* and *La Revue des deux Mondes*, and three new ones, in three volumes under the title of *Romans et Contes philosophiques*. Among the old stories were *Les Proscrits*, a

---

[1] 2 vols. Gosselin, 1831.
[2] C'est à partir de *La Peau de Chagrin* seulement que M. de Balzac est entré à pleine verve dans le public (Sainte-Beuve).

tale of the year 1308, inspired by Balzac's admiration for Dante, and the excellent *Le Réquisitionnaire*. The new stories were *El Verdugo*, a Spanish tragedy of the Napoleonic wars, *Le Chef-d'œuvre inconnu*, and *Jésus-Christ en Flandre*, the last being remarkable for what is too rare in Balzac's work, the unaffected simplicity of its style.

In 1832 followed *Nouveaux Contes philosophiques*, a single volume comprising *L'Auberge rouge*, *Maître Cornélius*, a story of the year 1479, *Madame Firmiani*, a sentimental tale of no great merit, all of which had already appeared in the *Revue de Paris*, and a considerably longer story entitled *Louis Lambert*, upon which Balzac had spent enormous labour, and to which he confidently looked to bring him reputation and fortune. Alas! it was a complete failure—"le plus triste de tous les avortons," as Balzac said of it himself. No one read it then, and now it is chiefly read for its autobiographical interest[1].

In 1832 also Balzac reprinted the two volumes of *Scènes de la Vie privée* and added to them two new ones. In vol. III were *Le Conseil*—which now included both *Le Message* (see above) and *La grande Brétèche*[2]—*La Bourse*, a domestic story of considerable merit, *Le Devoir d'une Femme* (*Adieu*), a harrowing episode of the disastrous passage of the Beresina, and *Les Célibataires*, better known by its later name of *Le Curé de Tours*. Vol. IV consisted of five short stories, written at different times during 1831 and 1832, of which four dealt with ordinary life in an aristocratic *milieu*, with only a dash of romanticism, the first being of considerable merit, while the fifth (*Les deux Rencontres*) was a wildly romantic tale in the manner of Victor Hugo. Two years later (1834) Balzac joined these separate stories together to form the continuous life-history of a single heroine, changing the names when necessary, adding a second part to the third story (*Le Doigt de Dieu*) and writing a new chapter *Souffrances inconnues*,

[1] A new edition is announced by the *Société des Textes français modernes*.
[2] This grim tragedy was afterwards incorporated by Balzac with two other stories in *Autre Étude de Femme*.

which cost him, he says, four months of work. The whole
then appeared under the title of *Même Histoire* in the third
livraison of the *Études de Mœurs*. It afterwards underwent
further revision and was re-baptised *La Femme de trente
ans*, the title under which we now know it. In spite of
Balzac's heroic efforts to give it unity, it bears evident
traces of the independent origin of its six chapters, while
the violent romanticism of the fifth chapter has impreg-
nated the whole work and given it an air of incoherence
and improbability.

Another story which dates from 1832 is *Le Colonel Chabert*[1], a grim tragedy of Paris life, told with that true
realism which proceeds not merely from the careful observation of physical details but from the deeply-penetrating
study of the human heart. Truly might Balzac have applied
to the creatures of his imagination the proud boast of the
great pastellist, La Tour, "Je descends au fond d'eux-
mêmes et je les remporte entiers."

Balzac had also written before 1832, though he did not
publish it till 1845, a story entitled *Un Épisode sous la
Terreur*, which was told him by the executioner, Samson.

In March 1833 we find Balzac writing as follows to his
friend Mme Carraud:

Le *Médecin de campagne* me coûte dix fois plus de travail que ne
m'en a coûté *Lambert*; il n'y a pas de phrase, d'idée, qui n'ait été vue,
revue, lue, relue, corrigée; c'est effrayant! Mais quand on veut
atteindre à la beauté simple de l'Évangile, surpasser le *Vicaire de
Wakefield* et mettre en action l'*Imitation de Jésus-Christ*, il faut
piocher et ferme.

In the following May he announces to her that the im-
mortal work is finished. It was published in two volumes
in the following August, and was no better received than
Louis Lambert. "Vous ne savez pas comment le *Médecin
est accueilli? par des torrents d'injures!"

But Balzac's courage and perseverance were proof

---

[1] First published in *L'Artiste* under the title of *La Transaction*. It has
been edited by S. H. Moore for the Cambridge University Press; otherwise
it would have been certainly included in this selection.

against all disappointment. "Le fiasco du *Médecin de Campagne* et de *Louis Lambert* m'a chagriné," he writes in January 1834, "mais j'ai pris mon parti; rien me découragera." Already in the previous August (1832) he was negotiating for the publication of a great work in twelve volumes to be entitled *Études de Mœurs au XIXᵉ siècle*. Charles Gosselin, who was then his publisher, does not seem to have received his project favourably; but a lady publisher, Mme Charles Béchet, was more enterprising. She gave him 27,000 *francs* for twelve volumes, four of *Scènes de la Vie privée*, four of *Scènes de la Vie Parisienne*, and four of *Scènes de la Vie de Province*. They were published in six instalments, of which the first, consisting of *Eugénie Grandet*, appeared in December 1833 (post-dated 1834). *Eugénie Grandet* was a new story—not long, but long enough to fill a whole volume—which he had begun to write as soon as he had finished *Le Médecin de Campagne*. In October he tells Mme Hanska that it is half written and he speaks of it as "un de mes tableaux les plus achevés. J'en suis très content." In this case his satisfaction was thoroughly justified. *Eugénie Grandet* is the first of his novels, as distinguished from the short stories, that may be described as a realistic study of French social life, and it was a masterpiece.

The second volume of the first *livraison* of the *Études de Mœurs* comprised *Le Curé de Tours*, *Le Message*, *La Femme abandonnée*, *La Grenadière*, and a new story, *L'Illustre Gaudissart* which is another attempt at comedy marred by Balzac's heaviness of hand and want of tact.

The new year (1834) began well for Balzac. In February his publisher reported that *Eugénie Grandet* "se vend comme du pain." Even the unfortunate *Le Médecin de Campagne* was finding readers. Balzac writes at the end of March that it was nearly sold out and that he was arranging for an edition of it at thirty *sous* in order to make it popular. He was well satisfied with Mme Béchet, who had just published (March 15) the second *livraison* of the *Études de Mœurs*, consisting of two volumes of

Scènes de la Vie Parisienne (*Les Marana* and *Histoire des Treize*).

I have already referred to *Les Marana*. The *Histoire des Treize* comprised two stories, *Ferragus* and *Ne touchez pas la Hache* (*La Duchesse de Langeais*), to be completed by a third, *La Fille aux yeux d'or*, in the fourth *livraison*. *La Duchesse de Langeais*, which was written almost entirely during the memorable visit to Geneva (December 1833–February 1834), when he met Mme Hanska for the second time, is Balzac's revenge on Mme de Castries. Yet in this study of a queen of fashion who was versed in all the arts of coquetry Balzac's brush is charged with admiration as well as with bitterness. The opening and closing scenes of the story, which take place in a Carmelite convent on an island in the Mediterranean, have a sombre power, and in the portrait of the hero Armand de Montriveau, Balzac has given us a portrait of himself.

Il était petit, large de buste, musculeux comme un lion. Quand il marchait, sa pose, sa démarche, le moindre geste trahissait et je ne sais quelle sécurité de force qui imposait, et quelque chose de despotique. Il paraissait savoir que rien ne pouvait s'opposer à sa volonté, peut-être parce qu'il ne voulait rien que de juste. Néanmoins, semblable à tous les gens réellement forts, il était doux dans son parler, simple dans ses manières, et naturellement bon.

Balzac has drawn a later and a fuller portrait of himself in *Albert Savarus*.

Une tête superbe: cheveux noirs, mélangés déjà de quelques cheveux blancs, des cheveux comme en ont les Saint Pierre et les Saint Paul de nos tableaux, à boucles touffues et luisantes, des cheveux durs comme des crins, un cou blanc et rond comme celui d'une femme, un front magnifique séparé par ce sillon puissant que les grands projets, les grandes pensées, les fortes méditations inscrivent au front des grands hommes; un teint olivâtre marbré de taches rouges, un nez carré, des yeux de feu, puis les joues creusées, marquées de deux rides longues pleines de souffrance, une bouche à sourire sarde et un petit menton mince et trop court; les pattes d'oie aux tempes, les yeux caves, roulant sous des arcades sourcilières comme deux globes ardents; mais malgré tous ces indices de passions violentes, un air calme, profondément résigné, la voix d'une douceur pénétrante, et qui m'a surpris au Palais par sa facilité, la vraie voix de l'orateur tantôt pure et rusée, tantôt insinuante, et tonnant quand

b 2

il le faut, puis se pliant au sarcasme et devenant alors incisive. Monsieur Albert Savaron est de moyenne taille, ni gras ni maigre. Enfin il a des mains de prélat.

Both these portraits are, one need hardly say, idealised; one can check the first by a sepia drawing in the museum at Tours[1], generally regarded as the work of Louis Boulanger, which represents Balzac at about the age (thirty-four) when he wrote *La Duchesse de Langeais*, and the second by a daguerreotype taken in 1842[2], the year in which he published *Albert Savarus*. They both bear out the accepted view that his personal appearance, if not positively vulgar, at any rate lacked distinction. But it was redeemed by a noble forehead, and wonderful eyes—chestnut-coloured with gold lights and fired, as Gautier tells us, by "an inconceivable magnetism[3]." He also had large dimpled hands—*mains de prélat*—of which he was especially proud.

The third *livraison* of the *Études de Mœurs* was published on September 19, 1834; its two volumes were chiefly filled by a new story, *La Recherche de l'Absolu*, at which Balzac had worked like a galley-slave. "C'est un immense sujet, le plus beau livre que je puisse faire, disent aucuns." He was so much exhausted by his labours that his doctor ordered him to recruit in his native air, and to write nothing, read nothing, do nothing, and think of nothing. He accordingly went to stay with an old friend of his family, M. de Margonne, at his beautiful château of Saché on the Indre, not far from Azay-le-Rideau. It is described in *Le Lys dans la Vallée*. But Balzac did not carry out the latter part of his doctor's prescription, for he set to work upon a new novel for the *Revue de Paris*, "une maîtresse œuvre"—*Le Père Goriot*. "It was an unheard-of success,"

---

[1] Mary F. Sandars, *Honoré de Balzac*, 1904, frontispiece.

[2] *Id.* opp. p. 264. From the copy in the Spoelberch de Lovenjoul collection in the *Musée Condé* at Chantilly.

[3] Quant à ses yeux, il n'en exista jamais de pareils. Ils avaient une vie, une lumière, un magnétisme inconcevables (*Portraits contemporains*). His sister, Mme de Surville, speaks of "ces flambeaux d'intelligence, ces yeux aux prunelles brunes pailletées d'or comme celles du lynx."

he writes in the following December, after the first instalment had appeared; "there is only one voice; *Eugénie Grandet, L'Absolu*, everything is surpassed."

Balzac had now become celebrated. Sainte-Beuve, reviewing *La Recherche de l'Absolu* in November 1834 in a thoroughly ill-natured but by no means wholly unappreciative article, which moved Balzac to unworthy reprisals, speaks of him as "le plus fécond, le plus en vogue des romanciers contemporains, le romancier du moment par excellence[1]." He had written in succession three fully-developed novels—*Eugénie Grandet, La Recherche de l'Absolu*, and *Le Père Goriot*—of which two, if not all three, were acknowledged masterpieces. From this time he wrote far fewer short stories. Whereas during the period 1830–1832 he had, with the exception of *Le Peau de Chagrin* and *Louis Lambert*, written nothing but short stories, during the seventeen years from 1833 to his death in 1850 he only wrote sixteen. And whereas the earlier stories include ten to twelve masterpieces, among the later ones are only a few of the first rank, such as *La Messe de l'Athée*, published in January 1836 in the *Chronique de Paris*, and *Pierre Grassou*, the story of a third-rate painter who achieved fortune and success, and one of the few instances in which Balzac is happy in comedy.

We have seen that Balzac collected several of his early stories under the title of *Études de Mœurs au XIXᵉ siècle*, thus implying that he offered them to the public not merely as stories but as contributions to the social history of his age. Two years earlier, that is to say, in 1832, Nicolas Gogol, Balzac's junior by ten years, had embarked on a similar enterprise in Russia. The second part of his *Evenings at a Farm near Dikanka* contained, besides three stories of a romantic type in which the supernatural plays a considerable part, a story called *Ivan Feodorovitch Sponka and his Aunt* which is a purely realistic picture of Russian country life. There is hardly any attempt at plot, but the

---

[1] *Portraits contemporains*, II.

characters are drawn with great care, particularly Sponka himself, who is one of those negative, nondescript, unheroical heroes in which Gogol and other Russian novelists after him so greatly delight. If possible, even more characteristic of this new realism were two stories which appeared in Gogol's next work, called *Mirgorod* (1835)—*The Story of how Ivan Nikiforovitch and Ivan Ivanovitch quarrelled* and *Old-world Proprietors*—and a third story, *The Cloak*, which formed part of another volume published in 1835, entitled *Arabesques*. "We all started from *The Cloak*," said a Russian novelist to Melchior de Vogüé. He was thinking especially of that note of sublime and all embracing pity which is to be found alike in Gogol and Turgenev, in Dostoievsky and Tolstoy. But there is also to be found in *The Cloak*, as in the other stories mentioned above, two other characteristic features of the Russian realistic school—regard for humble or commonplace people and regard for details[1].

Balzac, on the other hand, showed a predilection for strongly-marked characters, such as Grandet and Hulot d'Ervy and Balthazar Claës, in whom a ruling passion is intensified to monomania. But during the years 1830–1833, that is to say, during the period of the short story, he did not disdain, if he did not absolutely prefer, the humble and the commonplace. By the side of romantic characters like Gobseck and Raphaël (the hero of *La Peau de Chagrin*), and Frenhofer (*Le Chef-d'œuvre inconnu*), we have M. and Mme Guillaume and Joseph Lebas (*La Maison du Chat-qui-pelote*), Caroline Crochard and her mother (*Une double famille*), the Abbé Birotteau and most of the characters in *Le Curé de Tours*. In *Eugénie Grandet* the arresting figure of the miser stands out in relief against the rest of his family, Mme Grandet, Charles Grandet, Eugénie herself,

---

[1] Melchior de Vogüé cites two interesting passages from Gogol's letters; in the first he claims that his *faculté maîtresse* was his power of describing mediocre characters and the trivialities of life, and in the second he implores a friend to send him notes of any details, especially of personal character, that come under his observation (*Le Roman russe*, p. 615).

Nanon, the old servant, all of whom are ordinary commonplace people, whom Balzac has invested with interest by
the force of his sympathy.

Both Gogol and Turgenev are more interested in character and social life than in plot and incident, and many
of their stories are simply portraits of individuals or pictures
of town or country life. Admirable instances are Gogol's
Old-world Proprietors and Turgenev's *The Brigadier*. Balzac
had too large a share of the romantic spirit to disdain
either plot or incident. In fact some of his plots are too
complicated, as for instance those of *Les Chouans* and *Une
ténébreuse Affaire*, while his incidents border at times on
the improbable. But *Le Curé de Tours, L'Auberge rouge*, and
Le Réquisitionnaire, are well constructed stories, the interest
of which is not purely psychological. On the other hand
in *Le Colonel Chabert* and *Pierre Grassou* the plot is of the
slightest; while in *Le Chef-d'œuvre inconnu, Jésus-Christ
en Flandre, La Messe de l'Athée*, there is no plot at all.

But far more than in plot or incident Balzac is interested
in the interplay of social forces and the development of
human character and passion. And for all his claim to be
the social historian of his age it is the study of human
character and passion which most deeply stirs his imagination, and in which he has achieved his greatest successes.
What he loves best is to portray with pitiless logic the
progress, whether towards triumph or doom, of some all-
absorbing master-passion. But for this purpose Balzac re-
quired a larger canvas than a short story.

Moreover in spite of the dozen or more remarkable short
stories which he has to his credit, in spite of *Le Réquisitionnaire, Le Chef-d'œuvre inconnu*, and *Jésus-Christ en Flandre*,
in which there is hardly a line or even a word too much,
Balzac cannot be regarded as one of the great masters of
the hort story. He is not to be ranked with Prosper
Mérimée or Ivan Turgenev or Guy de Maupassant. Even
at his best he has neither their reserve and pregnant con-
cision nor their unfailing artistic sense. He is too exuberant,
too masterful, too exultant in his creative fecundity, to

submit, except on occasion, to the confining limits of a short story. He is an artist rather from natural genius than from careful reflection on the principles of his art. Hence as a writer of short stories he is unequal. Some are real masterpieces, but others visibly suffer from a confusion of aims, or because he cannot force himself to subordinate his own personality to the demands of his art. For the Muse who presides over the short story is an imperious mistress, and she demands from her votaries a whole-hearted worship and obedience and a complete concentration of aim. The fault of some of Balzac's short stories, as of some of his longer ones, is that, realist though he aspires to be, he cannot shut his ears to the siren music of romanticism. It is not that his incidents are romantic while his treatment is realistic—we know from the example of Mr Conrad what admirable work such an alliance can produce—but that he combines romantic treatment of character with a realistic setting, or passes suddenly from a realistic presentation of life executed with scrupulous fidelity to nature to a highly imaginative incident which is beyond the bounds of probability or even of possibility.

A good example of his defective execution is *Une double famille*, written, as we have seen, in 1830. It is a story of great pathos and considerable power, and the governing idea is excellent. But the difficulties in working it out are largely shirked; the seduction of Caroline, her subsequent unfaithfulness to her lover, and her final degradation are left to our imagination. The story is like a play in which some of the scenes have been left out. Caroline's character in short is of the romantic type and ill accords with the psychological truth of the relations of the Comte de Grandville with his wife.

Balzac had two special weaknesses which militated against his success in the short story: he could not resist digressions, and he carried his love of detail to excess. We may take as an example *L'Interdiction*, written and published in 1836. It has great merits: M. Popinot is admirably drawn and with M. d'Espard disproves the charge that

Balzac cannot create a character that is at once virtuous and intelligent; the interview between this honest and sagacious magistrate and Mme d'Espard is inimitable; and the irony of the conclusion is profound. But the opening conversation between Rastignac and Horace Bianchon, as they walk away together from Mme d'Espard's hotel, might be reduced with advantage from five pages to one, and the account of Mme d'Espard, that cold-hearted queen of the fashionable world, is far too long. Further, the description of the Rue du Fouarre and of the house in which M. Popinot lives is rendered ineffective by the accumulation of insignificant details. Even the portrait of M. Popinot himself would be better if it were less concerned with his dress and other physical details. Its merit is in such strokes as "Juge comme l'illustre Desplein était chirurgien, il pénétrait les consciences comme le savant pénétrait les corps," and

Un seul trait recommandait ce visage au physionomiste. Cet homme avait une bouche sur les lèvres de laquelle respirait une bonté divine. C'étaient de bonnes grosses lèvres rouges, à mille plis, sinueuses, mouvantes, dans lesquelles la nature avait exprimé de beaux sentiments; des lèvres qui parlaient au cœur et annonçaient en cet homme l'intelligence, la clarté, le don de seconde vue, un angélique esprit.

But Balzac in his later stories often forgets that an artist is not a cataloguer or the maker of an inventory; he forgets that he must not record every single detail, but only those that are significant, especially those which appeal to the imagination. His worst violation of this law is the portrait of Mlle Des Touches (Camille Maupin) in *Béatrix*, which occupies more than eleven long pages. On the other hand, his portrait of Gobseck, which conforms to this law, is a masterpiece.

Les traits de son visage impassible autant que celui de Talleyrand, paraissaient avoir été coulées en bronze. Jaunes comme ceux d'une fouine, ses petits yeux n'avaient presque point de cils et craignaient la lumière; mais l'abat-jour d'une vieille casquette les en garantissait. Son nez pointu était si grêle dans le bout, que vous l'eussiez comparé à une vrille. Il avait des lèvres minces de ces alchimistes et de ces petits vieillards peints par Rembrandt ou par Metzu. Cet homme parlait bas, d'un ton doux et ne s'emportait jamais... Si vous touchez un cloporte cheminant sur le papier, il s'arrête et fait le mort; de même cet homme s'interrompait au milieu de son discours et se taisait au passage d'une voiture, afin de ne pas forcer sa voix. A l'imitation de Fontenelle il économisait le mouvement vital, et concentrait tous les sentiments humains dans le moi.

It is the general verdict—in fact no one except Brunetière has been found to dispute it—that Balzac is at his worst in his portrayal of the fashionable world. It was only during the years 1831 and 1832, when all the legitimist *salons* were closed, that he frequented fashionable society, and the only great lady with whom he was ever at all intimate was the Duchesse de Castries. Thus in his portraits of the leaders of society he had to draw almost entirely on his imagination—an imagination perverted by natural snobbishness and want of breeding. The result is that his great ladies—the Duchesse de Langeais and the Princesse de Cadignan (both modelled on Mme de Castries) and Mme d'Espard—and his fine gentlemen—Charles and Félix de Vandenesse, Maxime de Trailles and above all the ineffable Henri de Marsay, who was First Minister when he was barely forty—are all insufferable. Not only do they bear no resemblance to ladies and gentlemen, but they have neither wit nor heart. *Les Secrets de la Princesse de Cadignan*, in which the writer of genius Daniel d'Arthez yields to the fascinations of that lady of easy virtue, who paraded on her table an album containing the portraits of her many lovers—*le recueil*, as she called it, *de ses erreurs*— and *La Duchesse de Langeais*, with its long and pretentious disquisition of ten pages on the *Faubourg Saint-Germain*, are among the least successful and he least true to life of Balzac's shorter stories.

This want of truth in Balzac's pictures of the fashionable world of Paris is also due in part to his pessimism—that is to say, to his pessimistic view of human nature, for with regard to his own affairs he was usually an optimist. At the close of *Le Colonel Chabert* he puts in the mouth of Derville, the honest lawyer who figures in so many of his

novels, notably in *Le Père Goriot*, and who is modelled on
M. de Guillonnet-Merville, in whose office Balzac had
worked for eighteen months, the following bitter apo-
strophe:

Combien de choses n'ai-je pas apprises en excerçant ma charge!
J'ai vu mourir un père dans un grenier, sans sou ni maille, abandonné
par deux filles auxquelles il avait donné quarante mille livres de
rente![1] J'ai vu brûler des testaments; j'ai vu des mères dépouillant
leurs enfants, des maris volant leurs femmes, des femmes tuant leurs
maris en se servant de l'amour qu'elles leur inspiraient pour les rendre
fous ou imbéciles, afin de vivre en paix avec un amant. J'ai vu des
femmes donnant à l'enfant d'un premier lit des goûts qui devaient
amener sa mort, afin d'enrichir l'enfant de l'amour. Je ne puis vous
dire tout ce que j'ai vu, car j'ai vu des crimes contre lesquels la
justice est impuissante. Enfin toutes les horreurs que les romanciers
croient inventer sont toujours au-dessus de la vérité. Vous allez
connaître ces jolies choses-là vous; moi, je vais vivre à la campagne
avec ma femme, Paris me fait horreur.

Under the influence of this pessimistic spirit Balzac's
imagination runs riot and he paints the vices of his great
ladies and dandies in the most violent colours. Inconstant,
shameless, unscrupulous, revengeful, they are left with
hardly a rag of virtue. Yet there mingles with his satire a
note of naïve admiration. If he is the D'Aubigné of his age,
he is also its Brantôme.

But if Balzac is at his worst when he is under the spell
of fashionable society, he is at his best in describing either
the *bourgeois* world of business or officialdom or the
Bohemian world of journalism and letters.

Of all his short stories *Le Curé de Tours* holds the pride
of place. Two digressions, indeed, one on the type *vieille fille*
and another on the Church and celibacy, and a few other
passages of philosophical reflection, might be excised with
advantage, but on the whole it amply bears out Henry
James's saying, that "Balzac weaves a dense web." And
the web is dense because every act and every speech of his
characters are doubly significant: they reveal the actors in

[1] This was written two years before *Le Père Goriot* and refers to a real
incident upon which the latter story was founded. (See A. Le Breton, *Balzac*,
p. 174.)

the drama and they develop the drama itself to its logical *dénouement*. And what a number of living actors take part in the drama!—the Abbé Birotteau, the Abbé Chapeloud (though he is dead before the narrative opens), the Abbé Troubert, Mlle Gamard, Mlle de Villenoix, Mme de Listomère, her nephew the Baron de Listomère, M. de Bourbonne, the *vieux malin*. Even M. Caron the lawyer, and Marianne, Mlle de Gamard's servant, though they make but fleeting appearances on the stage, are anything but mere puppets. And since these characters are social types as well as individuals, the result is a comprehensive picture of Tours society, in which nearly every element is represented—clergy, aristocracy, *bourgeoisie*, domestics. But no less wonderful than the firm and vivid portraiture is the handling of the drama. The wounded vanity of an old maid, the rancour of one ambitious *abbé*, and the egotistic simplicity of another—these are the mainsprings of the little tragedy which is played out in a third-rate *pension* under the shadow of the Cathedral. But though the passions of the principal actors are aroused by petty causes they are none the less intense, and none the less dire in their consequences. The Abbé Birotteau in his arm-chair on the terrace at Saint-Symphorien, looking across the Loire at the city from which he had been banished, struck by a mortal disease, the skeleton of his former plump self, is not Oedipus at Colonus, but he arouses the same feelings of pity and even of awe, and the effect is intensified by the appearance of his enemy Troubert, now Bishop of Troyes, driving along the quay on his way to Paris. "L'évêque lui lança un regard de mépris et de pitié; puis il consentit à l'oublier et passa." Here by all rights the story should have ended; the concluding page on the condition of the Church in Balzac's day is pure bathos.

What is the secret of Balzac's power? By what enchanter's wand has he evoked this complete and arresting picture of provincial society? By observation and imagination? Yes— but this is equally true of all great creative artists. We must add that Balzac's observation has this peculiarity, that it is

at once swift and all-embracing. He had a wonderful eye for
details, but he took them in at a glance. Similarly the dis-
tinctive feature of his imagination is that it combines energy
and exuberance with extreme lucidity. His inner vision
worked with the same phenomenal activity as his outer
vision, but it never became blurred. His creations convince
us by their reality rather than charm us by their suggestive-
ness. At the beginning of the little story of *Facino Cane* he
himself explains the working of his genius:

Je demeurais alors dans une petite rue que vous ne connaissez sans
doute pas, la rue de Lesdiguières: elle commence à la rue Saint-
Antoine, en face d'une fontaine près de la place de la Bastille et
débouche dans la rue de La Cerisaie. L'amour de la science m'avait
jeté dans une mansarde où je travaillais pendant la nuit, et je passais
le jour dans une bibliothèque voisine, celle de Monsieur. Je vivais
frugalement, j'avais accepté toutes les conditions de la vie monastique,
si nécessaire aux travailleurs. Quand il faisait beau, à peine me
promenais-je sur le boulevard Bourdon. Une seule passion m'entraînait en dehors de mes habitudes studieuses; mais n'était-ce pas
encore de l'étude? j'allais observer les mœurs du faubourg, ses habi-
tants et leurs caractères. Aussi mal vêtu que les ouvriers, indifférent
au décorum, je ne les mettais point en garde contre moi; je pouvais
me mêler à leurs groupes, les voir concluant leurs marchés, et se
disputant à l'heure où ils quittent le travail. Chez moi l'observation
était déjà devenue intuitive, elle pénétrait l'âme sans négliger le
corps; ou plutôt elle saisissait si bien les détails extérieurs, qu'elle
allait sur-le-champ au delà; elle me donnait la faculté de vivre
de la vie de l'individu sur laquelle elle s'exerçait, en me permettant de me substituer à lui comme le derviche des Mille et une
Nuits prenait le corps et l'âme des personnes sur lesquelles il pro-
nonçait certaines paroles.

Lorsque, entre onze heures et minuit, je rencontrais un ouvrier et
sa femme revenant ensemble de l'Ambigu-Comique, je m'amusais à
les suivre depuis le boulevard du Pont-aux-Choux jusqu'au boulevard
Beaumarchais. Ces braves gens parlaient d'abord de la pièce qu'ils
avaient vue; de fil en aiguille, ils arrivaient à leurs affaires; la mère
tirait son enfant par la main, sans écouter ni ses plaintes ni ses demandes; les deux époux comptaient l'argent qui leur serait payé le
lendemain, ils le dépensaient de vingt manières différentes. C'était
alors des détails de ménage, des doléances sur le prix excessif des
pommes de terre, ou sur la longueur de l'hiver et le renchérissement
des mottes, des représentations énergiques sur ce qui était dû au
boulanger; enfin des discussions qui s'envenimaient, et où chacun
d'eux déployait son caractère en mots pittoresques. En entendant

ces gens, je pouvais épouser leur vie, je me sentais leurs guenilles sur le dos, je marchais les pieds dans leurs souliers percés; leurs désirs, leurs besoins, tout passait dans mon âme, ou mon âme passait dans la leur. C'était la rêve d'un homme éveillé. Je m'échauffais avec eux contre les chefs d'atelier qui les tyrannisaient, ou contre les mauvaises pratiques qui les faisaient revenir plusieurs fois sans les payer. Quitter ses habitudes, devenir un autre que soi par l'ivresse des facultés morales, et jouer ce jeu à volonté, telle était ma distraction. A quoi dois-je ce don? Est-ce une seconde vue? est-ce une de ces qualités dont l'abus mènerait à la folie? Je n'ai jamais recherché les causes de cette puissance; je la possède et m'en sers, voilà tout.

But it is not enough to point to the peculiar character of Balzac's observation and imagination. There is something else, and that is the absorbing interest in human passion and character to which I have already referred. He reproduces the exact physiognomy, the whole outward appearance, the speech and gestures of his characters, but he can also probe far below the surface, down to their inmost souls. No one, not even the greatest tragedians, has more clearly realised the strength of human passions, their tenacity, their stubbornness, their ruthlessness, the devastating effects of their action. He realises too that a petty passion, such as vanity, or a mere weakness like credulity, may have as disastrous consequences as a grand passion, and that a humble or commonplace environment may be the scene of as poignant a tragedy as a palace. It was Balzac's novels, not the theories, still less the dramas, of Diderot, that set Augier and the younger Dumas on the path of *tragédie bourgeoise*.

Observation—imagination—interest in human passions, even when working in a commonplace environment—these are the secrets of *Le Curé de Tours*. It is a proof of its greatness that it has a direct posterity. It certainly inspired the clerical novels of Ferdinand Fabre—the Abbé Tigrane is the descendant of the Abbé Troubert—and one is constantly reminded of it in M. René Boylesve's *Mademoiselle Coque*, in which the Basilica of St Martin takes the place of the Cathedral of St Gatien, and the society of Tours is portrayed with the same natural and unstrained fidelity as in Balzac's masterpiece.

The description of Balzac by Sainte-Beuve as "le plus fécond des romanciers contemporains" did not at all please him. He wished to be known, not as the facile producer of short stories, but as the writer of great novels. When Sainte-Beuve wrote his article (November 1834) Balzac had published *Eugénie Grandet*, and what he regarded as work of a higher order, *Le Médecin de Campagne* and *La Recherche de l'Absolu*, and he was on the eve of publishing *Le Père Goriot*. He now began to string together some of his short stories, so as to make them into long ones. Thus *Ferragus, La Duchesse de Langeais* and *La Fille aux yeux d'or*, which have no real connexion with one another, were linked together to form the *Histoire des Treize*. Similarly, as we have seen, out of six originally separate stories was composed the ill-constructed and heterogeneous novel of *La Femme de trente ans*, while *La grande Brétèche* was put in a pretentious setting with two other stories and the whole entitled *Autre Étude de Femme*.

It is clear from these and other ill-advised revisions of his work that Balzac's sense of form was imperfect, or that at least he subordinated it to other considerations which appealed to him more strongly. When Balzac succeeds in a short story, he does so less from a reasoned regard for form than from the compelling force of his creative genius, his fertile imagination, his power of portraying human passions at their most intense moment. It is when he is absorbed in the work of creation, when he concentrates his whole mind upon his characters, when he forgets to pose as a philosopher or a political thinker, that he produces a short story that is a real masterpiece, a story which grips us by the force of its imaginative truth and leaves upon us an abiding impression of reality. It is this illusion of reality, this feeling that we are not only reading a tale of real life but that we are actual eye-witnesses of its scenes and incidents, that accounts for the success of stories so different in character as *L'Auberge rouge, La Messe de l'Athée, Jésus-Christ en Flandre, Le Chef-d'œuvre inconnu*, and *Le Curé de Tours*.

LE CURÉ DE TOURS

Le Curé de Tours was first published in 1832 in vol. III of the *Scènes de la Vie privée* under the title of *Les Célibataires*. In 1834 (really December, 1833) it was reprinted in vol. II of the *Scènes de la Vie de Province*, which formed the second volume of the first *livraison* of the *Études de Mœurs au XIX⁰ siècle*.

Au commencement de l'automne de l'année 1826, l'abbé Birotteau, principal personnage de cette histoire, fut surpris par une averse en revenant de la maison où il était allé passer la soirée. Il traversait donc aussi promptement que son embonpoint pouvait le lui permettre, la petite place déserte nommée *le Cloître*, qui se trouve derrière le chevet de Saint-Gatien[1], à Tours.

L'abbé Birotteau, petit homme court, de constitution apoplectique, âgé d'environ soixante ans, avait déjà subi plusieurs attaques de goutte. Or, entre toutes les petites misères de la vie humaine, celle pour laquelle le bon prêtre éprouvait le plus d'aversion, était le subit arrosement de ses souliers à larges agrafes d'argent et l'immersion de leurs semelles. En effet, malgré les chaussons de flanelle dans lesquels il s'empaquetait en tout temps les pieds avec le soin que les ecclésiastiques prennent d'eux-mêmes, il y gagnait toujours un peu d'humidité; puis, le lendemain, la goutte lui donnait infailliblement quelques preuves de sa constance. Néanmoins, comme le pavé du Cloître est toujours sec, que l'abbé Birotteau avait gagné trois livres dix sous au wisth chez madame de Listomère, il endura la pluie avec résignation depuis le milieu de la place de l'Archevêché, où elle avait commencé à tomber en abondance. En ce moment, il caressait d'ailleurs sa chimère, un

---

[1] St Gatien, the patron saint of the Cathedral of Tours, was, according to Gregory of Tours, one of seven men ordained to the episcopate who were sent from Rome in the middle of the third century to preach Christianity in Gaul. He became the first bishop of Tours, where he is said to have lived for fifty years.

désir déjà vieux de douze ans, un désir de prêtre, un désir qui, formé tous les soirs, paraissait alors près de s'accomplir; enfin, il s'enveloppait trop bien dans l'aumusse[1] d'un canonicat vacant pour sentir les intempéries de l'air: pendant la soirée, les personnes habituellement réunies chez madame de Listomère lui avaient presque garanti sa nomination à la place de chanoine, alors vacante au Chapitre métropolitain de Saint-Gatien, en lui prouvant que personne ne la méritait mieux que lui, dont les droits longtemps méconnus étaient incontestables. S'il eût perdu au jeu, s'il eût appris que l'abbé Poirel, son concurrent, passait chanoine, le bonhomme eût alors trouvé la pluie bien froide. Peut-être eût-il médit de l'existence. Mais il se trouvait dans une de ces rares circonstances de la vie où d'heureuses sensations font tout oublier. En hâtant le pas, il obéissait à un mouvement machinal, et la vérité, si essentielle dans une histoire de mœurs, oblige à dire qu'il ne pensait ni à l'averse, ni à la goutte.

Jadis, il existait dans le Cloître, du côté de la Grand'rue, plusieurs maisons réunies par une clôture, appartenant à la Cathédrale et où logeaient quelques dignitaires du Chapitre. Depuis l'aliénation des biens du clergé, la ville a fait du passage qui sépare ces maisons une rue, nommée rue de la *Psallette*, et par laquelle on va du Cloître à la Grand'rue[2]. Ce nom indique suffisamment que là demeurait autrefois le grand Chantre, ses écoles et ceux qui vivaient sous sa dépendance. Le côté gauche de cette rue est rempli par une seule maison dont les murs sont traversés par les arcs-boutants de Saint-Gatien qui sont implantés dans son petit jardin étroit, de manière à laisser en doute si la Cathédrale fut bâtie avant ou après cet antique logis. Mais en examinant les arabesques et la forme des fenêtres, le cintre de la porte, et l'extérieur de cette maison brunie par le temps, un archéologue voit qu'elle a toujours fait

---

[1] Almuce, a badge of fur, worn by French Canons on their left arm.

[2] The "Cloister" is unchanged since Balzac's date except for the addition in 1840 of a story *d'une pauvreté insigne* to its eastern side. The Grand'rue is now called Rue Jules Simon in its upper portion and Rue Lavoisier in its lower.

partie du monument magnifique avec lequel elle est mariée. Un antiquaire, s'il y en avait à Tours, une des villes les moins littéraires de France, pourrait même reconnaître, à l'entrée du passage dans le Cloître, quelques vestiges de l'arcade qui formait jadis le portail de ces habitations ecclésiastiques et qui devait s'harmonier au caractère général de l'édifice. Située au nord de Saint-Gatien, cette maison se trouve continuellement dans les ombres projetées par cette grande cathédrale sur laquelle le temps a jeté son manteau noir, imprimé ses rides, semé son froid humide, ses mousses et ses hautes herbes. Aussi cette habitation est-elle toujours enveloppée dans un profond silence interrompu seulement par le bruit des cloches, par le chant des offices qui franchit les murs de l'église, ou par les cris des choucas nichés dans le sommet des clochers. Cet endroit est un désert de pierres, une solitude pleine de physionomie, et qui ne peut être habitée que par des êtres arrivés à une nullité complète ou doués d'une force d'âme prodigieuse. La maison dont il s'agit avait toujours été occupée par des abbés, et appartenait à une vieille fille nommée mademoiselle Gamard. Quoique ce bien eût été acquis de la nation, pendant la Terreur, par le père de mademoiselle Gamard ; comme depuis vingt ans cette vieille fille y logeait des prêtres, personne ne s'avisait de trouver mauvais, sous la Restauration, qu'une dévote conservât un bien national : peut-être les gens religieux lui supposaient-ils l'intention de le léguer au Chapitre, et les gens du monde n'en voyaient-ils pas la destination changée.

L'abbé Birotteau se dirigeait donc vers cette maison, où il demeurait depuis deux ans. Son appartement avait été, comme l'était alors le canonicat, l'objet de son envie et son *hoc erat in votis* pendant une douzaine d'années. Être le pensionnaire de mademoiselle Gamard et devenir chanoine, furent les deux grandes affaires de sa vie ; et peut-être résument-elles exactement l'ambition d'un prêtre, qui, se considérant comme en voyage vers l'éternité, ne peut souhaiter en ce monde qu'un bon gîte, une bonne table, des vêtements propres, des souliers à agrafes d'argent, choses suffisantes pour les besoins de la bête, et un canonicat pour satisfaire l'amour-propre, ce sentiment indicible qui nous suivra, dit-on, jusqu'auprès de Dieu, puisqu'il y a des grades parmi les saints. Mais la convoitise de l'appartement alors habité par l'abbé Birotteau, ce sentiment minime aux yeux des gens du monde, avait été pour lui toute une passion, passion pleine d'obstacles, et, comme les plus criminelles passions, pleines d'espérances, de plaisirs et de remords.

La distribution intérieure et la contenance de sa maison n'avaient pas permis à mademoiselle Gamard d'avoir plus de deux pensionnaires logés. Or, environ douze ans avant le jour où Birotteau devint le pensionnaire de cette fille, elle s'était chargée d'entretenir en joie et en santé monsieur l'abbé Troubert et monsieur l'abbé Chapeloud. L'abbé Troubert vivait. L'abbé Chapeloud était mort, et Birotteau lui avait immédiatement succédé.

Feu monsieur l'abbé Chapeloud, en son vivant chanoine de Saint-Gatien, avait été l'ami intime de l'abbé Birotteau. Toutes les fois que le vicaire était entré chez le chanoine, il en avait admiré constamment l'appartement, les meubles et la bibliothèque. De cette admiration naquit un jour l'envie de posséder ces belles choses. Il avait été impossible à l'abbé Birotteau d'étouffer ce désir, qui souvent le fit horriblement souffrir quand il venait à penser que la mort de son meilleur ami pouvait seule satisfaire cette cupidité cachée, mais qui allait toujours croissant. L'abbé Chapeloud et son ami Birotteau n'étaient pas riches. Tous deux fils de paysans, ils n'avaient rien autre chose que les faibles émoluments accordés aux prêtres, et leurs minces économies furent employées à passer les temps malheureux de la Révolution. Quand Napoléon rétablit le culte catholique l'abbé Chapeloud fut nommé chanoine de Saint-Gatien, et Birotteau devint vicaire de la Cathédrale[1]. Chapeloud se mit alors en pension chez mademoiselle Gamard. Lorsque Birotteau vint visiter le chanoine dans sa nouvelle demeure, il trouva l'appartement parfaitement bien dis-

[1] Practically equals our minor canon.

tribué; mais il n'y vit rien autre chose. Le début de cette concupiscence mobilière fut semblable à celui d'une passion vraie, qui, chez un jeune homme, commence quelquefois par une froide admiration pour la femme que plus tard il aimera toujours.

Cet appartement, desservi par un escalier en pierre, se trouvait dans un corps de logis à l'exposition du midi. L'abbé Troubert occupait le rez-de-chaussée, et mademoiselle Gamard le premier étage du principal bâtiment situé sur la rue. Lorsque Chapeloud entra dans son logement, les pièces étaient nues et les plafonds noircis par la fumée. Les chambranles des cheminées en pierre assez mal sculptée n'avaient jamais été peints. Pour tout mobilier, le pauvre chanoine y mit d'abord un lit, une table, quelques chaises, et le peu de livres qu'il possédait. L'appartement ressemblait à une belle femme en haillons. Mais, deux ou trois ans après, une vieille dame ayant laissé deux mille francs à l'abbé Chapeloud, il employa cette somme à l'emplette d'une bibliothèque en chêne, provenant de la démolition d'un château dépecé par la Bande Noire, et remarquable par des sculptures dignes de l'admiration des artistes. L'abbé fit cette acquisition, séduit moins par le bon marché que par la parfaite concordance qui existait entre les dimensions de ce meuble et celles de la galerie. Ses économies lui permirent alors de restaurer entièrement la galerie jusque-là pauvre et délaissée. Le parquet fut soigneusement frotté, le plafond blanchi; et les boiseries furent peintes de manière à figurer les teintes et les nœuds du chêne. Une cheminée de marbre remplaça l'ancienne. Le chanoine eut assez de goût pour chercher et pour trouver de vieux fauteuils en bois de noyer sculpté. Puis une longue table en ébène et deux meubles de Boulle[1] achevèrent de donner à cette galerie une physionomie pleine de caractère. Dans l'espace de deux ans, les libéralités de plusieurs personnes dévotes, et des legs de ses pieuses

---

[1] Inlaid furniture in the style made famous by Charles Boule (1642–1732). There are some fine authenticated pieces in the Wallace Collection. The English name for it is Buhl, a Germanised form.

pénitentes, quoique légers, remplirent de livres les rayons de la bibliothèque alors vide. Enfin, un oncle de Chapeloud, ancien Oratorien, lui légua en mourant une collection complète in-folio des Pères de l'Église, et plusieurs autres grands ouvrages précieux pour un ecclésiastique. Birotteau, surpris de plus en plus par les transformations successives de cette galerie jadis nue, arriva par degrés à une involontaire convoitise. Il souhaita posséder ce cabinet, si bien en rapport avec la gravité des mœurs ecclésiastiques. Cette passion s'accrut de jour en jour. Occupé pendant des journées entières à travailler dans cet asile, le vicaire put en apprécier le silence et la paix, après en avoir primitivement admiré l'heureuse distribution. Pendant les années suivantes, l'abbé Chapeloud fit de la cellule un oratoire que ses dévotes amies se plurent à embellir. Plus tard encore, une dame offrit au chanoine pour sa chambre un meuble en tapisserie qu'elle avait faite elle-même pendant longtemps sous les yeux de cet homme aimable sans qu'il en soupçonnât la destination. Il en fut alors de la chambre à coucher comme de la galerie, elle éblouit le vicaire. Enfin, trois ans avant sa mort, l'abbé Chapeloud avait complété le confortable de son appartement en en décorant le salon. Quoique simplement garni de velours d'Utrecht rouge, le meuble avait séduit Birotteau. Depuis le jour où le camarade du chanoine vit les rideaux de lampas[1] rouge, les meubles d'acajou, le tapis d'Aubusson[2] qui ornaient cette vaste pièce peinte à neuf, l'appartement de Chapeloud devint pour lui l'objet d'une monomanie secrète. Y demeurer, se coucher dans le lit à grands rideaux de soie où couchait le chanoine, et trouver toutes ses aises autour de lui, comme les trouvait Chapeloud, fut pour Birotteau le bonheur complet: il ne voyait rien au delà. Tout ce que les choses du monde font naître d'envie et d'ambition dans le cœur des autres hommes se concentra chez l'abbé Birotteau dans le sentiment secret et profond

[1] Figured silk.
[2] The manufacture of carpets at Aubusson (Creuse) dates from the sixteenth century, if not earlier.

avec lequel il désirait un intérieur semblable à celui que
s'était créé l'abbé Chapeloud. Quand son ami tombait
malade, il venait certes chez lui conduit par une sincère
affection; mais, en apprenant l'indisposition du chanoine,
ou en lui tenant compagnie, il s'élevait, malgré lui, dans
le fond de son âme mille pensées dont la formule la plus
simple était toujours: — Si Chapeloud mourait, je pourrais
avoir son logement. Cependant, comme Birotteau avait
un cœur excellent, des idées étroites et une intelligence
bornée, il n'allait pas jusqu'à concevoir les moyens de se
faire léguer la bibliothèque et les meubles de son ami.

L'abbé Chapeloud, égoïste aimable et indulgent, devina
la passion de son ami, ce qui n'était pas difficile, et la lui
pardonna, ce qui peut sembler moins facile chez un prêtre.
Mais aussi le vicaire, dont l'amitié resta toujours le même,
ne cessa-t-il pas de se promener avec son ami tous les jours
dans la même allée du mail de Tours, sans lui faire tort un
seul moment du temps consacré depuis vingt années à cette
promenade. Birotteau, qui considérait ses vœux involon-
taires comme des fautes, eût été capable, par contrition,
du plus grand dévouement pour l'abbé Chapeloud. Celui-ci
paya sa dette envers une fraternité si naïvement sincère en
disant, quelques jours avant sa mort, au vicaire, qui lui
lisait *la Quotidienne*: — Pour cette fois, tu auras l'appartement. Je sens que tout est fini pour moi. En effet, par son
testament, l'abbé Chapeloud légua sa bibliothèque et son
mobilier à Birotteau. La possession de ces choses, si vivement désirées, et la perspective d'être pris en pension par
mademoiselle Gamard, adoucirent beaucoup la douleur
que causait à Birotteau la perte de son ami le chanoine:
il ne l'aurait peut-être pas ressuscité, mais il le pleura.
Pendant quelques jours il fut comme Gargantua, dont la
femme étant morte en accouchant de Pantagruel, ne savait
s'il devait se réjouir de la naissance de son fils, ou se
chagriner d'avoir enterré sa bonne Badbec, et qui se trom-
pait en se réjouissant de la mort de sa femme, et déplorant
la naissance de Pantagruel[1].

[1] The reference is to Rabelais, *Pantagruel*, c. III.

L'abbé Birotteau passa les premiers jours de son deuil à vérifier les ouvrages de *sa* bibliothèque, à se servir de *ses* meubles, à les examiner, en disant d'un ton qui, malheureusement, n'a pu être noté: — Pauvre Chapeloud! Enfin sa joie et sa douleur l'occupaient tant qu'il ne ressentit aucune peine de voir donner à un autre la place de chanoine, dans laquelle feu Chapeloud espérait avoir Birotteau pour successeur. Mademoiselle Gamard ayant pris avec plaisir le vicaire en pension, celui-ci participa dès lors à toutes les félicités de la vie matérielle que lui vantait le défunt chanoine. Incalculables avantages! A entendre feu l'abbé Chapeloud, aucun de tous les prêtres qui habitaient la ville de Tours ne pouvait être, sans en excepter l'Archevêque, l'objet de soins aussi délicats, aussi minutieux que ceux prodigués par mademoiselle Gamard à ses deux pensionnaires. Les premiers mots que disait le chanoine à son ami, en se promenant sur le mail, avaient presque toujours trait au succulent dîner qu'il venait de faire, et il était bien rare que, pendant les sept promenades de la semaine, il ne lui arrivât pas de dire au moins quatorze fois: — Cette excellente fille a certes pour vocation le service ecclésiastique.

— Pensez donc, disait l'abbé Chapeloud à Birotteau, que, pendant douze années consécutives, linge blanc, aubes, surplis, rabats, rien ne m'a jamais manqué. Je trouve toujours chaque chose en place, en nombre suffisant, et sentant l'iris[1]. Mes meubles sont frottés, et toujours si bien essuyés que, depuis longtemps, je ne connais plus la poussière. En avez-vous vu un seul grain chez moi? Jamais! Puis le bois de chauffage est bien choisi, les moindres choses sont excellentes; bref, il semble que mademoiselle Gamard ait sans cesse un œil dans ma chambre. Je ne me souviens pas d'avoir sonné deux fois, en dix ans, pour demander quoi que ce fût. Voilà vivre! N'avoir rien à chercher, pas même ses pantoufles. Trouver toujours bon feu, bonne table. Enfin, mon soufflet m'impatientait, il

---

[1] A powder made from the root of certain kinds of iris (English, orris-root) is used in perfumery.

avait le larynx embarrassé, je ne m'en suis pas plaint deux fois. Bast, le lendemain mademoiselle m'a donné un très joli soufflet, et cette paire de badines avec lesquelles vous me voyez tisonnant.

Birotteau, pour toute réponse, disait : — Sentant l'iris ! Ce *sentant l'iris* le frappait toujours. Les paroles du chanoine accusaient un bonheur fantastique pour le pauvre vicaire, à qui ses rabats et ses aubes faisaient tourner la tête ; car il n'avait aucun ordre, et oubliait assez fréquemment de commander son dîner. Aussi, soit en quêtant, soit en disant la messe, quand il apercevait mademoiselle Gamard à Saint-Gatien, ne manquait-il jamais de lui jeter un regard doux et bienveillant, comme sainte Thérèse pouvait en jeter au ciel. Le bien-être que désire toute créature, et qu'il avait si souvent rêvé, lui était donc échu. Cependant, comme il est difficile à tout le monde, même à un prêtre, de vivre sans un dada ; depuis dix-huit mois, l'abbé Birotteau avait remplacé ses deux passions satisfaites par le souhait d'un canonicat. Le titre de chanoine était devenu pour lui ce que doit être la pairie pour un ministre plébéien. Aussi la probabilité de sa nomination, les espérances qu'on venait de lui donner chez madame de Listomère, lui tournaient-elles si bien la tête qu'il ne se rappela y avoir oublié son parapluie qu'en arrivant à son domicile. Peut-être même, sans la pluie qui tombait alors à torrents, ne s'en serait-il pas souvenu, tant il était absorbé par le plaisir avec lequel il rabâchait en lui-même tout ce que lui avaient dit, au sujet de sa promotion, les personnes de la société de madame de Listomère, vieille dame chez laquelle il passait la soirée du mercredi. Le vicaire sonna vivement comme pour dire à la servante de ne pas le faire attendre. Puis il se serra dans le coin de la porte, afin de se laisser arroser le moins possible ; mais l'eau qui tombait du toit coula précisément sur le bout de ses souliers, et le vent poussa par moments sur lui certaines bouffées de pluie assez semblables à des douches. Après avoir calculé le temps nécessaire pour sortir de la cuisine et venir tirer le cordon placé sous la porte, il resonna encore de manière à produire un carillon très significatif. — Ils ne peuvent pas être sortis, se dit-il en n'entendant aucun mouvement dans l'intérieur. Et pour la troisième fois il recommença sa sonnerie, qui retentit si aigrement dans la maison, et fut si bien répétée par tous les échos de la Cathédrale, qu'à ce factieux tapage il était impossible de ne pas se réveiller. Aussi, quelques instants après, n'entendit-il pas sans un certain plaisir mêlé d'humeur les sabots de la servante qui claquaient sur le petit pavé caillouteux. Néanmoins le malaise du podagre ne finit pas aussitôt qu'il le croyait. Au lieu de tirer le cordon, Marianne fut obligée d'ouvrir la serrure de la porte avec la grosse clef et de défaire les verrous.

— Comment me laissez-vous sonner trois fois par un temps pareil? dit-il à Marianne.

— Mais, monsieur, vous voyez bien que la porte était fermée. Tout le monde est couché depuis longtemps, les trois quarts de dix heures sont sonnés. Mademoiselle aura cru que vous n'étiez pas sorti.

— Mais vous m'avez bien vu partir, vous! D'ailleurs mademoiselle sait bien que je vais chez madame de Listomère tous les mercredis.

— Ma foi! monsieur, j'ai fait ce que mademoiselle m'a commandé de faire, répondit Marianne en fermant la porte.

Ces paroles portèrent à l'abbé Birotteau un coup qui lui fut d'autant plus sensible que sa rêverie l'avait rendu plus complètement heureux. Il se tut, suivit Marianne à la cuisine pour prendre son bougeoir, qu'il supposait y avoir été mis. Mais, au lieu d'entrer dans la cuisine, Marianne mena l'abbé chez lui, où le vicaire aperçut son bougeoir sur une table qui se trouvait à la porte du salon rouge, dans une espèce d'antichambre formée par le palier de l'escalier auquel le défunt chanoine avait adapté une grande clôture vitrée. Muet de surprise, il entra promptement dans sa chambre, n'y vit pas de feu dans la cheminée, et appela Marianne, qui n'avait pas encore eu le temps de descendre.

— Vous n'avez donc pas allumé de feu? dit-il.

— Pardon, monsieur l'abbé, répondit-elle. Il se sera éteint.

Birotteau regarda de nouveau le foyer, et s'assura que le feu était resté couvert depuis le matin.

— J'ai besoin de me sécher les pieds, reprit-il, faites-moi du feu.

Marianne obéit avec la promptitude d'une personne qui avait envie de dormir. Tout en cherchant lui-même ses pantoufles qu'il ne trouvait pas au milieu de son tapis de lit, comme elles y étaient jadis, l'abbé fit, sur la manière dont Marianne était habillée, certaines observations par lesquelles il lui fut démontré qu'elle ne sortait pas de son lit, comme elle le lui avait dit. Il se souvint alors que, depuis environ quinze jours, il était sevré de tous ces petits soins qui, pendant dix-huit mois, lui avaient rendu la vie si douce à porter. Or, comme la nature des esprits étroits les porte à deviner les minuties, il se livra soudain à de très grandes réflexions sur ces quatre événements, imperceptibles pour tout autre, mais qui, pour lui, constituaient quatre catastrophes. Il s'agissait évidemment de la perte entière de son bonheur, dans l'oubli des pantoufles, dans le mensonge de Marianne relativement au feu, dans le transport insolite de son bougeoir sur la table de l'antichambre, et dans la station forcée qu'on lui avait ménagée, par la pluie, sur le seuil de la porte.

Quand la flamme eut brillé dans le foyer, quand la lampe de nuit fut allumée, et que Marianne l'eut quitté sans lui demander, comme elle le faisait jadis: — Monsieur a-t-il encore besoin de quelque chose? l'abbé Birotteau se laissa doucement aller dans la belle et ample bergère de son défunt ami; mais le mouvement par lequel il y tomba eut quelque chose de triste. Le bonhomme était accablé sous le pressentiment d'un affreux malheur. Ses yeux se tournèrent successivement sur le beau cartel, sur la commode, sur les siéges, les rideaux, les tapis, le lit en tombeau, le bénitier, le crucifix, sur une Vierge du Valentin[1], sur un

---

[1] Jean de Boullongne, called Le Valentin (1591–1634), worked at Rome, where he was a friend of Poussin.

Christ de Lebrun[1], enfin sur tous les accessoires de cette
chambre; et l'expression de sa physionomie révéla les
douleurs du plus tendre adieu qu'un amant ait jamais fait
à sa première maîtresse, ou un vieillard à ses derniers arbres
plantés. Le vicaire venait de reconnaître, un peu tard à
la vérité, les signes d'une persécution sourde exercée sur
lui depuis environ trois mois par mademoiselle Gamard,
dont les mauvaises intentions eussent sans doute été beaucoup plus tôt devinées par un homme d'esprit. Les vieilles
filles n'ont-elles pas toutes un certain talent pour accentuer
les actions et les mots que la haine leur suggère? Elles
égratignent à la manière des chats. Puis, non seulement
elles blessent, mais elles éprouvent du plaisir à blesser, et
à faire voir à leur victime qu'elles l'ont blessée. Là où un
homme du monde ne se serait pas laissé griffer deux fois,
le bon Birotteau avait besoin de plusieurs coups de patte
dans la figure avant de croire à une intention méchante.

Aussitôt, avec cette sagacité questionneuse que contractent les prêtres habitués à diriger les consciences et à
creuser des riens au fond du confessionnal, l'abbé Birotteau
se mit à établir, comme s'il s'agissait d'une controverse
religieuse, la proposition suivante: — En admettant que
mademoiselle Gamard n'ait plus songé à la soirée de
madame de Listomère, que Marianne ait oublié de faire
mon feu, que l'on m'ait cru rentré; attendu que j'ai
descendu ce matin, et moi-même! *mon bougeoir!!!* il est
impossible que mademoiselle Gamard, en le voyant dans
son salon, ait pu me supposer couché. *Ergo*, mademoiselle
Gamard a voulu me laisser à la porte par la pluie; et, en
faisant remonter mon bougeoir chez moi, elle a eu l'intention de me faire connaître... — Quoi? dit-il tout haut,
emporté par la gravité des circonstances, en se levant
pour quitter ses habits mouillés, prendre sa robe de
chambre et se coiffer de nuit. Puis il alla de son lit à la

---

[1] Charles Le Brun (1619-1690), first painter to Louis XIV, was the
organiser of the whole art of Versailles. He has left a few good portraits
and several series of great decorative paintings, of which the *Battles of
Alexander* are in the Louvre.

cheminée, en gesticulant et lançant sur des tons différents les phrases suivantes, qui toutes furent terminées d'une voix de fausset, comme pour remplacer des points d'interjection.

— Que diantre lui ai-je fait? Pourquoi m'en veut-elle? Marianne n'a pas dû oublier mon feu! C'est mademoiselle qui lui aura dit de ne pas l'allumer! Il faudrait être un enfant pour ne pas s'apercevoir, au ton et aux manières qu'elle prend avec moi, que j'ai eu le malheur de lui déplaire. Jamais il n'est arrivé rien de pareil à Chapeloud! Il me sera impossible de vivre au milieu des tourments que... A mon âge!...

Il se coucha dans l'espoir d'éclaircir le lendemain matin la cause de la haine qui détruisait à jamais ce bonheur dont il avait joui pendant deux ans, après l'avoir si longtemps désiré. Hélas! les secrets motifs du sentiment que mademoiselle Gamard lui portait devaient lui être éternellement inconnus, non qu'ils fussent difficiles à deviner, mais parce que le pauvre homme manquait de cette bonne foi avec laquelle les grandes âmes et les fripons savent réagir sur eux-mêmes et se juger. Un homme de génie ou un intrigant seuls, se disent: — J'ai eu tort. L'intérêt et le talent sont les seuls conseillers consciencieux et lucides. Or, l'abbé Birotteau, dont la bonté allait jusqu'à la bêtise, dont l'instruction n'était en quelque sorte que plaquée à force de travail, qui n'avait aucune expérience du monde ni de ses mœurs, et qui vivait entre la messe et le confessionnal, grandement occupé de décider les cas de conscience les plus légers, en sa qualité de confesseur des pensionnats de la ville et de quelques belles âmes qui l'appréciaient, l'abbé Birotteau pouvait être considéré comme un grand enfant, à qui la majeure partie des pratiques sociales était complètement étrangère. Seulement, l'égoïsme naturel à toutes les créatures humaines, renforcé par l'égoïsme particulier au prêtre, et par celui de la vie étroite que l'on mène en province, s'était insensiblement développé chez lui, sans qu'il s'en doutât. Si quelqu'un eût pu trouver assez d'intérêt à fouiller l'âme du vicaire, pour lui démontrer que, dans les infiniment petits détails de son existence et dans les devoirs minimes de sa vie privée, il manquait essentiellement de ce dévouement dont il croyait faire profession, il se serait puni lui-même, et se serait mortifié de bonne foi. Mais ceux que nous offensons, même à notre insu, nous tiennent peu compte de notre innocence, ils veulent et savent se venger. Donc Birotteau, quelque faible qu'il fût, dut être soumis aux effets de cette grande Justice distributive, qui va toujours chargeant le monde d'exécuter ses arrêts, nommés par certains niais *les malheurs de la vie*.

Il y eut cette différence entre feu l'abbé Chapeloud et le vicaire, que l'un était un égoïste adroit et spirituel, et l'autre un franc et maladroit égoïste. Lorsque l'abbé Chapeloud vint se mettre en pension chez mademoiselle Gamard, il sut parfaitement juger le caractère de son hôtesse. Le confessionnal lui avait appris à connaître tout ce que le malheur de se trouver en dehors de la société, met d'amertume au cœur d'une vieille fille, il calcula donc sagement sa conduite chez mademoiselle Gamard. L'hôtesse, n'ayant guère alors que trente-huit ans, gardait encore quelques prétentions, qui, chez ces discrètes personnes, se changent plus tard en une haute estime d'elles-mêmes. Le chanoine comprit que, pour bien vivre avec mademoiselle Gamard, il devait lui toujours accorder les mêmes attentions et les mêmes soins, être plus infaillible que ne l'est le pape. Pour obtenir ce résultat, il ne laissa s'établir entre elle et lui que les points de contact strictement ordonnés par la politesse, et ceux qui existent nécessairement entre des personnes vivant sous le même toit. Ainsi, quoique l'abbé Troubert et lui fissent régulièrement trois repas par jour, il s'était abstenu de partager le déjeuner commun, en habituant mademoiselle Gamard à lui envoyer dans son lit une tasse de café à la crème. Puis, il avait évité les ennuis du souper en prenant tous les soirs du thé dans les maisons où il allait passer ses soirées. Il voyait ainsi rarement son hôtesse à un autre moment de la journée que celui du dîner; mais il venait toujours quelques instants avant l'heure fixée. Durant cette espèce de visite polie, il lui avait

adressé, pendant les douze années qu'il passa sous son
toit, les mêmes questions, en obtenant d'elle les mêmes
réponses. La manière dont avait dormi mademoiselle
Gamard durant la nuit, son déjeuner, les petits événements domestiques, l'air de son visage, l'hygiène de sa
personne, le temps qu'il faisait, la durée des offices, les
incidents de la messe, enfin la santé de tel ou tel prêtre
faisaient tous les frais de cette conversation périodique.
Pendant le dîner, il procédait toujours par des flatteries
indirectes, allant sans cesse de la qualité d'un poisson, du
bon goût des assaisonnements ou des qualités d'une sauce,
aux qualités de mademoiselle Gamard et à ses vertus de
maîtresse de maison. Il était sûr de caresser toutes les
vanités de la vieille fille en vantant l'art avec lequel
étaient faits ou préparés ses confitures, ses cornichons, ses
conserves, ses pâtés, et autres inventions gastronomiques.
Enfin, jamais le rusé chanoine n'était sorti du salon jaune
de son hôtesse, sans dire que, dans aucune maison de
Tours, on ne prenait du café aussi bon que celui qu'il
venait d'y déguster. Grâce à cette parfaite entente du
caractère de mademoiselle Gamard, et à cette science
d'existence professée pendant douze années par le chanoine,
il n'y eut jamais entre eux matière à discuter le moindre
point de discipline intérieure. L'abbé Chapeloud avait
tout d'abord reconnu les angles, les aspérités, le rêche de
cette vieille fille, et réglé l'action des tangentes inévitables
entre leurs personnes, de manière à obtenir d'elle toutes
les concessions nécessaires au bonheur et à la tranquillité
de sa vie. Aussi, mademoiselle Gamard disait-elle que
l'abbé Chapeloud était un homme très aimable, extrême-
ment facile à vivre, et de beaucoup d'esprit.

Quant à l'abbé Troubert, la dévote n'en disait absolument rien. Complètement entré dans le mouvement de sa
vie comme un satellite dans l'orbite de sa planète, Troubert
était pour elle une sorte de créature intermédiaire entre les
individus de l'espèce humaine et ceux de l'espèce canine;
il se trouvait classé dans son cœur immédiatement avant
la place destinée aux amis et celle occupée par un gros

carlin poussif qu'elle aimait tendrement; elle le gouvernait entièrement, et la promiscuité de leurs intérêts devint si grande, que bien des personnes, parmi celles de la société de mademoiselle Gamard, pensaient que l'abbé Troubert avait des vues sur la fortune de la vieille fille, se l'attachait insensiblement par une continuelle patience, et la dirigeait d'autant mieux qu'il paraissait lui obéir, sans laisser apercevoir en lui le moindre désir de la mener.

Lorsque l'abbé Chapeloud mourut, la vieille fille, qui voulait un pensionnaire de mœurs douces, pensa naturellement au vicaire. Le testament du chanoine n'était pas encore connu, que déjà mademoiselle Gamard méditait de donner le logement du défunt à son bon abbé Troubert, qu'elle trouvait fort mal au rez-de-chaussée. Mais quand l'abbé Birotteau vint stipuler avec la vieille fille les conventions chirographaires de sa pension, elle le vit si fort épris de cet appartement pour lequel il avait nourri si longtemps des désirs dont la violence pouvait alors être avouée, qu'elle n'osa lui parler d'un échange, et fit céder l'affection aux exigences de l'intérêt. Pour consoler le bien-aimé chanoine, mademoiselle remplaça les larges briques blanches de Château-Regnauld[1] qui formaient le carrelage de l'appartement par un parquet en point de Hongrie, et reconstruisit une cheminée qui fumait.

L'abbé Birotteau avait vu pendant douze ans son ami Chapeloud, sans avoir jamais eu la pensée de chercher d'où procédait l'extrême circonscription de ses rapports avec mademoiselle Gamard. En venant demeurer chez cette sainte fille, il se trouvait dans la situation d'un amant sur le point d'être heureux. Quand il n'aurait pas été déjà naturellement aveugle d'intelligence, ses yeux étaient trop éblouis par le bonheur pour qu'il lui fût possible de juger mademoiselle Gamard, et de réfléchir sur la mesure à mettre dans ses relations journalières avec elle.

Mademoiselle Gamard, vue de loin et à travers le prisme des félicités matérielles que le vicaire rêvait de goûter près d'elle, lui semblait une créature parfaite, une chrétienne

[1] Between Vendôme and Tours. It is now written Châteaurenault.

accomplie, une personne essentiellement charitable, la femme de l'Évangile, la vierge sage, décorée de ces vertus humbles et modestes qui répandent sur la vie un céleste parfum. Aussi, avec tout l'enthousiasme d'un homme qui parvient à un but longtemps souhaité, avec la candeur d'un enfant et la niaise étourderie d'un vieillard sans expérience mondaine, entra-t-il dans la vie de mademoiselle Gamard, comme une mouche se prend dans la toile d'une araignée. Ainsi, le premier jour où il vint dîner et coucher chez la vieille fille, il fut retenu dans son salon par le désir de faire connaissance avec elle, aussi bien que par cet inexplicable embarras qui gêne souvent les gens timides, et leur fait craindre d'être impolis en interrompant une conversation pour sortir. Il y resta donc pendant toute la soirée.

Une autre vieille fille, amie de Birotteau, nommée mademoiselle Salomon de Villenoix, vint le soir. Mademoiselle Gamard eut alors la joie d'organiser chez elle une partie de boston. Le vicaire trouva, en se couchant, qu'il avait passé une très agréable soirée. Ne connaissant encore que fort légèrement mademoiselle Gamard et l'abbé Troubert, il n'aperçut que la superficie de leurs caractères. Peu de personnes montrent tout d'abord leurs défauts à nu. Généralement, chacun tâche de se donner une écorce attrayante. L'abbé Birotteau conçut donc le charmant projet de consacrer ses soirées à mademoiselle Gamard, au lieu d'aller les passer au dehors. L'hôtesse avait, depuis quelques années, enfanté un désir qui se reproduisait plus fort de jour en jour. Ce désir, que forment les vieillards et même les jolies femmes, était devenu chez elle une passion semblable à celle de Birotteau pour l'appartement de son ami Chapeloud, et tenait au cœur de la vieille fille par les sentiments d'orgueil et d'égoïsme, d'envie et de vanité qui préexistent chez les gens du monde. Cette histoire est de tous les temps: il suffit d'étendre un peu le cercle étroit au fond duquel vont agir ces personnages pour trouver la raison coefficiente des événements qui arrivent dans les sphères les plus élevées de la société.

Mademoiselle Gamard passait alternativement ses soirées dans six ou huit maisons différentes. Soit qu'elle regrettât d'être obligée d'aller chercher le monde et se crût en droit, à son âge, d'en exiger quelque retour; soit que son amour-propre eût été froissé de ne point avoir de société à elle; soit enfin que sa vanité désirât les compliments et les avantages dont elle voyait jouir ses amies, toute son ambition était de rendre son salon le point d'une réunion vers laquelle chaque soir un certain nombre de personnes se dirigeassent *avec plaisir*. Quand Birotteau et son amie mademoiselle Salomon eurent passé quelques soirées chez elle, en compagnie du fidèle et patient abbé Troubert; un soir, en sortant de Saint-Gatien, mademoiselle Gamard dit aux bonnes amies, de qui elle se considérait comme l'esclave jusqu'alors, que les personnes qui voulaient la voir pouvaient bien venir une fois par semaine chez elle où elle réunissait un nombre d'amis suffisant pour faire une partie de boston; elle ne devait pas laisser seul l'abbé Birotteau, son nouveau pensionnaire; mademoiselle Salomon n'avait pas encore manqué une seule soirée de la semaine; elle appartenait à ses amis, et que... et que.... etc., etc... Ses paroles furent d'autant plus humblement altières et abondamment doucereuses, que mademoiselle Salomon de Villenoix tenait à la société la plus aristocratique de Tours. Quoique mademoiselle Salomon vînt uniquement par amitié pour le vicaire, mademoiselle Gamard triomphait de l'avoir dans son salon, et se vit, grâce à l'abbé Birotteau, sur le point de faire réussir son grand dessein de former un cercle qui pût devenir aussi nombreux, aussi agréable que l'étaient ceux de madame de Listomère, de mademoiselle Merlin de La Blottière, et autres dévotes en possession de recevoir la société pieuse de Tours.

Mais, hélas! l'abbé Birotteau fit avorter l'espoir de mademoiselle Gamard. Or, si tous ceux qui dans leur vie sont parvenus à jouir d'un bonheur souhaité longtemps, ont compris la joie que put avoir le vicaire en se couchant dans le lit de Chapeloud, ils devront aussi prendre une légère idée du chagrin que mademoiselle Gamard ressentit

au renversement de son plan favori. Après avoir pendant
six mois accepté son bonheur assez patiemment, Birotteau
déserta le logis, entraînant avec lui mademoiselle Salomon.
Malgré des efforts inouïs, l'ambitieuse Gamard avait à peine
recruté cinq à six personnes, dont l'assiduité fut très pro-
blématique, et il fallait au moins quatre gens fidèles pour
constituer un boston. Elle fut donc forcée de faire amende
honorable et de retourner chez ses anciennes amies, car
les vieilles filles se trouvent en trop mauvaise compagnie
avec elles-mêmes pour ne pas rechercher les agréments
équivoques de la société.

La cause de cette désertion est facile à concevoir.
Quoique le vicaire fût un de ceux auxquels le paradis doit
un jour appartenir en vertu de l'arrêt: *Bienheureux les
pauvres d'esprit!* il ne pouvait, comme beaucoup de sots,
supporter l'ennui que lui causaient d'autres sots. Les gens
sans esprit ressemblent aux mauvaises herbes qui se plaisent dans les bons terrains, et ils aiment d'autant plus être
amusés qu'ils s'ennuient eux-mêmes. L'incarnation de
l'ennui dont ils sont victimes, jointe au besoin qu'ils
éprouvent de divorcer perpétuellement avec eux-mêmes,
produit cette passion pour le mouvement, cette nécessité
d'être toujours là où ils ne sont pas qui les distingue, ainsi
que les êtres dépourvus de sensibilité et ceux dont la
destinée est manquée, ou qui souffrent par leur faute.

Sans trop sonder le vide, la nullité de mademoiselle
Gamard, ni sans s'expliquer la petitesse de ses idées, le
pauvre abbé Birotteau s'aperçut un peu tard, pour son
malheur, des défauts qu'elle partageait avec toutes les
vieilles filles et de ceux qui lui étaient particuliers. Le mal,
chez autrui, tranche si vigoureusement sur le bien, qu'il
nous frappe presque toujours la vue avant de nous blesser.
Ce phénomène moral justifierait, au besoin, la pente qui
nous porte plus ou moins vers la médisance. Il est, sociale-
ment parlant, si naturel de se moquer des imperfections
d'autrui, que nous devrions pardonner le bavardage railleur
que nos ridicules autorisent, et ne nous étonner que de la
calomnie. Mais les yeux du bon vicaire n'étaient jamais à

ce point d'optique qui permet aux gens du monde de voir et d'éviter promptement les aspérités du voisin; il fut donc obligé, pour reconnaître les défauts de son hôtesse, de subir l'avertissement que donne la nature à toutes ses créations, la douleur!

Les vieilles filles n'ayant pas fait plier leur caractère et leur vie à une autre vie ni à d'autres caractères, comme l'exige la destinée de la femme, ont, pour la plupart, la manie de vouloir tout faire plier autour d'elles. Chez mademoiselle Gamard, ce sentiment dégénérait en despotisme; mais ce despotisme ne pouvait se prendre qu'à de petites choses. Ainsi, entre mille exemples, le panier de fiches et de jetons posé sur la table de boston pour l'abbé Birotteau devait rester à la place où elle l'avait mis; et l'abbé la contrariait vivement en le dérangeant, ce qui arrivait presque tous les soirs. D'où procédait cette susceptibilité stupidement portée sur des riens, et quel en était le but? Personne n'eût pu le dire, mademoiselle Gamard ne le savait pas elle-même. Quoique très mouton de sa nature, le nouveau pensionnaire n'aimait cependant pas plus que les brebis à sentir trop souvent la houlette, surtout quand elle est armée de pointes. Sans s'expliquer la haute patience de l'abbé Troubert, Birotteau voulut se soustraire au bonheur que mademoiselle Gamard prétendait lui assaisonner à sa manière, car elle croyait qu'il en était du bonheur comme de ses confitures; mais le malheureux s'y prit assez maladroitement, par suite de la naïveté de son caractère. Cette séparation n'eut donc pas lieu sans bien des tiraillements et des picoteries auxquels l'abbé Birotteau s'efforça de ne pas se montrer sensible.

A l'expiration de la première année qui s'écoula sous le toit de mademoiselle Gamard, le vicaire avait repris ses anciennes habitudes en allant passer deux soirées par semaine chez madame de Listomère, trois chez mademoiselle Salomon, et les deux autres chez mademoiselle Merlin de La Blottière. Ces personnes appartenaient à la partie aristocratique de la société tourangelle, où mademoiselle Gamard n'était point admise. Aussi, l'hôtesse fut-elle vivement outragée par l'abandon de l'abbé Birotteau, qui lui faisait sentir son peu de valeur: toute espèce de choix implique un mépris pour l'objet refusé.

— Monsieur Birotteau ne nous a pas trouvés assez aimables, dit l'abbé Troubert aux amis de mademoiselle Gamard lorsqu'elle fut obligée de renoncer à ses soirées. C'est un homme d'esprit, un gourmet! Il lui faut du beau monde, du luxe, des conversations à saillies, les médisances de la ville.

Ces paroles amenaient toujours mademoiselle Gamard à justifier l'excellence de son caractère aux dépens de Birotteau.

— Il n'a pas déjà tant d'esprit, disait-elle. Sans l'abbé Chapeloud, il n'aurait jamais été reçu chez madame de Listomère. Oh! j'ai bien perdu en perdant l'abbé Chapeloud. Quel homme aimable et facile à vivre! Enfin, pendant douze ans, je n'ai pas eu la moindre difficulté ni le moindre désagrément avec lui.

Mademoiselle Gamard fit de l'abbé Birotteau un portrait si peu flatteur, que l'innocent pensionnaire passa dans cette société bourgeoise, secrètement ennemie de la société aristocratique, pour un homme essentiellement difficultueux et très difficile à vivre. Puis la vieille fille eut, pendant quelques semaines, le plaisir de s'entendre plaindre par ses amies, qui sans penser un mot de ce qu'elles disaient, ne cessèrent de lui répéter: — Comment vous, si douce et si bonne, avez-vous inspiré de la répugnance... Ou: — Consolez-vous, ma chère mademoiselle Gamard, vous êtes si bien connue que... etc.

Mais, enchantées d'éviter une soirée par semaine dans la Cloître, l'endroit le plus désert, le plus sombre et le plus éloigné du centre qu'il y ait à Tours, toutes bénissaient le vicaire.

Entre personnes sans cesse en présence, la haine et l'amour vont toujours croissant: on trouve à tout moment des raisons pour s'aimer ou se haïr mieux. Aussi l'abbé Birotteau devint-il insupportable à mademoiselle Gamard. Dix-huit mois après l'avoir pris en pension, au moment où le bonhomme croyait voir la paix du contentement dans le silence de la haine, et s'applaudissait d'avoir su très bien *corder* avec la vieille fille, pour se servir de son expression, il fut pour elle l'objet d'une persécution sourde et d'une vengeance froidement calculée. Les quatre circonstances capitales de la porte fermée, des pantoufles oubliées, du manque de feu, du bougeoir porté chez lui, pouvaient seules lui révéler cette inimitié terrible dont les dernières conséquences ne devaient le frapper qu'au moment où elles seraient irréparables. Tout en s'endormant, le bon vicaire se creusait donc, mais inutilement, la cervelle, et certes il en sentait bien vite le fond, pour s'expliquer la conduite singulièrement impolie de mademoiselle Gamard. En effet, ayant agi jadis très logiquement en obéissant aux lois naturelles de son égoïsme, il lui était impossible de deviner ses torts envers son hôtesse.

Si les choses grandes sont simples à comprendre, faciles à exprimer, les petitesses de la vie veulent beaucoup de détails. Les événements qui constituent en quelque sorte l'avant-scène de ce drame bourgeois, mais où les passions se retrouvent tout aussi violentes que si elles étaient excitées par de grands intérêts, exigeaient cette longue introduction, et il eût été difficile à un historien exact d'en resserrer les minutieux développements.

Le lendemain matin, en s'éveillant, Birotteau pensa si fortement à son canonicat qu'il ne songeait plus aux quatre circonstances dans lesquelles il avait aperçu, la veille, les sinistres pronostics d'un avenir plein de malheurs. Le vicaire n'était pas homme à se lever sans feu, il sonna pour avertir Marianne de son réveil et la faire venir chez lui: puis il resta, selon son habitude, plongé dans les rêvasseries somnolescentes pendant lesquelles la servante avait coutume, en lui embrasant la cheminée, de l'arracher doucement à ce dernier sommeil par les bourdonnements de ses interpellations et de ses allures, espèce de musique qui lui plaisait. Une demi-heure se passa sans que Marianne eût paru. Le vicaire, à moitié chanoine, allait sonner de nouveau, quand il laissa le cordon de sa sonnette en entendant le bruit d'un pas d'homme dans l'escalier. En effet, l'abbé Troubert, après avoir discrètement frappé à la porte, entra sur l'invitation de Birotteau...

Cette visite, que les deux abbés se faisaient assez régulièrement une fois par mois l'un à l'autre, ne surprit point le vicaire. Le chanoine s'étonna, dès l'abord, que Marianne n'eût pas encore allumé le feu de son quasi-collègue. Il ouvrit une fenêtre, appela Marianne d'une voix rude, lui dit de venir chez Birotteau; puis, se retournant vers son frère: — Si mademoiselle apprenait que vous n'avez pas de feu, elle gronderait Marianne.

Après cette phrase, il s'enquit de la santé de Birotteau, et lui demanda d'une voix douce s'il avait quelques nouvelles récentes qui lui fissent espérer d'être nommé chanoine. Le vicaire lui expliqua ses démarches, et lui dit naïvement quelles étaient les personnes auprès desquelles madame de Listomère agissait, ignorant que Troubert n'avait jamais su pardonner à cette dame de ne pas l'avoir admis chez elle, lui, l'abbé Troubert, déjà deux fois désigné pour être vicaire-général du diocèse.

Il était impossible de rencontrer deux figures qui offrissent autant de contrastes qu'en présentaient celles de ces deux abbés. Troubert, grand et sec, avait un teint jaune et bilieux, tandis que le vicaire était ce qu'on appelle familièrement grassouillet. Ronde et rougeaude, la figure de Birotteau peignait une bonhomie sans idées; tandis que celle de Troubert, longue et creusée par des rides profondes, contractait en certains moments une expression pleine d'ironie ou de dédain: mais il fallait cependant l'examiner avec attention pour y découvrir ces deux sentiments. Le chanoine restait habituellement dans un calme parfait, en tenant ses paupières presque toujours abaissées sur deux yeux orangés dont le regard devenait à son gré clair et perçant. Des cheveux roux complétaient cette sombre physionomie, sans cesse obscurcie par le voile que de graves méditations jettent sur les traits. Plusieurs personnes avaient pu d'abord le croire absorbé par une haute et profonde ambition; mais celles qui prétendaient le mieux

connaître avaient fini par détruire cette opinion en le
montrant hébété par le despotisme de mademoiselle
Gamard, ou fatigué par de trop longs jeûnes. Il parlait
rarement et ne riait jamais. Quand il lui arrivait d'être
agréablement ému, il lui échappait un sourire faible qui se
perdait dans les plis de son visage. Birotteau était, au
contraire, tout expansion, tout franchise, aimait les bons
morceaux, et s'amusait d'une bagatelle avec la simplicité
d'un homme sans fiel ni malice. L'abbé Troubert causait,
à la première vue, un sentiment de terreur involontaire,
tandis que le vicaire arrachait un sourire doux à ceux qui
le voyaient. Quand, à travers les arcades et les nefs de
Saint-Gatien, le haut chanoine marchait d'un pas solennel,
le front incliné, l'œil sévère, il excitait le respect: sa figure
cambrée était en harmonie avec les voussures[1] jaunes de la
cathédrale, les plis de sa soutane avaient quelque chose de
monumental, digne de la statuaire. Mais le bon vicaire y
circulait sans gravité, trottait, piétinait en paraissant
rouler sur lui-même. Ces deux hommes avaient néanmoins
une ressemblance. De même que l'air ambitieux de Troubert, en donnant lieu de le redouter, avait contribué peut-
être à le faire condamner au rôle insignifiant de simple
chanoine, le caractère et la tournure de Birotteau semblaient le vouer éternellement au vicariat de la cathédrale.
Cependant l'abbé Troubert, arrivé à l'âge de cinquante
ans, avait tout à fait dissipé, par la mesure de sa conduite,
par l'apparence d'un manque total d'ambition et par sa
vie toute sainte, les craintes que sa capacité soupçonnée et
son terrible extérieur avaient inspirées à ses supérieurs.
Sa santé s'étant même gravement altérée depuis un an, sa
prochaine élévation au vicariat-général de l'archevêché
paraissait probable. Ses compétiteurs eux-mêmes sou-
haitaient sa nomination, afin de pouvoir mieux préparer
la leur pendant le peu de jours qui lui seraient accordés
par une maladie devenue chronique. Loin d'offrir les
mêmes espérances, le triple menton de Birotteau présentait
aux concurrents qui lui disputaient son canonicat les

[1] The recessings of an arch; we use the same term in English.

symptômes d'une santé florissante, et sa goutte leur semblait être, suivant le proverbe, une assurance de longévité.
L'abbé Chapeloud, homme d'un grand sens, et que son
amabilité avait toujours fait rechercher par les gens de
bonne compagnie et par les différents chefs de la métropole,
s'était toujours opposé, mais secrètement et avec beaucoup
d'esprit, à élévation de l'abbé Troubert; il lui avait même
très adroitement interdit l'accès de tous les salons où se
réunissait la meilleure société de Tours, quoique pendant
sa vie Troubert l'eût traité sans cesse avec un grand respect,
en lui témoignant en toute occasion la plus haute déférence.
Cette constante soumission n'avait pu changer l'opinion du
défunt chanoine qui, pendant sa dernière promenade,
disait encore à Birotteau: — Défiez-vous de ce grand sec
de Troubert! C'est Sixte-Quint réduit aux proportions de
l'Évêché. Tel était l'ami, le commensal de mademoiselle
Gamard, qui venait, le lendemain même du jour où elle
avait pour ainsi dire déclaré la guerre au pauvre Birotteau,
le visiter et lui donner des marques d'amitié.

— Il faut excuser Marianne, dit le chanoine en la voyant
entrer. Je pense qu'elle a commencé par venir chez moi.
Mon appartement est très humide, et j'ai beaucoup toussé
pendant toute la nuit. — Vous êtes très sainement ici,
ajouta-t-il en regardant les corniches.

— Oh! je suis ici en chanoine, répondit Birotteau en
souriant.

— Et moi en vicaire, répliqua l'humble prêtre.

— Oui, mais vous logerez bientôt à l'Archevêché, dit le
bon prêtre qui voulait que tout le monde fût heureux.

— Oh! ou dans le cimetière. Mais que la volonté de
Dieu soit faite! Et Troubert leva les yeux au ciel par un
mouvement de résignation. — Je venais, ajouta-t-il, vous
prier de me prêter le *pouillé*[1] des évêques. Il n'y a que
vous à Tours qui ayez cet ouvrage.

— Prenez-le dans ma bibliothèque, répondit Birotteau
que la dernière phrase du chanoine fit ressouvenir de
toutes les jouissances de sa vie.

---

[1] The calendar of bishops, a sort of *Gallia Christiana*.

Le grand chanoine passa dans la bibliothèque, et y resta pendant le temps que le vicaire mit à s'habiller. Bientôt la cloche du déjeuner se fit entendre, et le goutteux pensant que, sans la visite de Troubert, il n'aurait pas eu de feu pour se lever, se dit: — C'est un bon homme!

Les deux prêtres descendirent ensemble, armé chacun d'un énorme *in-folio*, qu'ils posèrent sur une des consoles de la salle à manger.

— Qu'est-ce que c'est que ça? demanda d'une voix aigre mademoiselle Gamard en s'adressant à Birotteau. J'espère que vous n'allez pas encombrer ma salle à manger de vos bouquins.

— C'est des livres dont j'ai besoin, répondit l'abbé Troubert, monsieur le vicaire a la complaisance de me les prêter.

— J'aurais dû deviner cela, dit-elle en laissant échapper un sourire de dédain. Monsieur Birotteau ne lit pas souvent dans ces gros livres-là.

— Comment vous portez-vous, mademoiselle? reprit le pensionnaire d'une voix flûtée.

— Mais pas très bien, répondit-elle sèchement. Vous êtes cause que j'ai été réveillée hier pendant mon premier sommeil, et toute ma nuit s'en est ressentie. En s'asseyant, mademoiselle Gamard ajouta: — Messieurs, le lait va se refroidir.

Stupéfait d'être si aigrement accueilli par son hôtesse quand il en attendait des excuses, mais effrayé, comme le sont les gens timides, par la perspective d'une discussion, surtout quand ils en sont l'objet, le pauvre vicaire s'assit en silence. Puis, en reconnaissant dans le visage de mademoiselle Gamard les symptômes d'une mauvaise humeur apparente, il resta constamment en guerre avec sa raison qui lui ordonnait de ne pas souffrir le manque d'égards de son hôtesse, tandis que son caractère le portait à éviter une querelle. En proie à cette angoisse intérieure, Birotteau commença par examiner sérieusement les grandes hachures vertes peintes sur le gros taffetas ciré[1] que, par un usage

---

[1] An old term for *toile cirée* = oil-cloth.

immémorial, mademoiselle Gamard laissait pendant le déjeuner sur la table, sans avoir égard ni aux bords usés ni
aux nombreuses cicatrices de cette couverture. Les deux
pensionnaires se trouvaient établis, chacun dans un fauteuil de canne, en face l'un de l'autre, à chaque bout de
cette table royalement carrée, dont le centre était occupé
par l'hôtesse, et qu'elle dominait du haut de sa chaise à
patins[1], garnie de coussins et adossée au poêle de la salle
à manger. Cette pièce et le salon commun étaient situés au
rez-de-chaussée, sous la chambre et le salon de l'abbé
Birotteau. Lorsque le vicaire eut reçu de mademoiselle
Gamard sa tasse de café sucré, il fut glacé du profond
silence dans lequel il allait accomplir l'acte si habituellement gai de son déjeuner. Il n'osait regarder ni la figure
aride de Troubert, ni le visage menaçant de la vieille fille,
et se tourna par contenance vers un gros carlin chargé
d'embonpoint, qui, couché sur un coussin près du poêle,
n'en bougeait jamais, trouvant toujours à sa gauche un
petit plat rempli de friandises, et à sa droite un bol plein
d'eau claire.

— Eh! bien, mon mignon, lui dit-il, tu attends ton café.
Ce personnage, l'un des plus importants au logis, mais peu
gênant en ce qu'il n'aboyait plus et laissait la parole à sa
maîtresse, leva sur Birotteau ses petits yeux perdus sous
les plis formés dans son masque par la graisse, puis il les
referma sournoisement. Pour comprendre la souffrance du
pauvre vicaire, il est nécessaire de dire que, doué d'une
loquacité vide et sonore comme le retentissement d'un
ballon, il prétendait, sans avoir jamais pu donner aux
médecins une seule raison de son opinion, que les paroles
favorisaient la digestion. Mademoiselle, qui partageait
cette doctrine hygiénique, n'avait pas encore manqué,
malgré leur mésintelligence, à causer pendant les repas;
mais, depuis plusieurs matinées, le vicaire avait usé vaine-
ment son intelligence à lui faire des questions insidieuses
pour parvenir à lui délier la langue. Si les bornes étroites
dans lesquelles se renferme cette histoire avaient permis

[1] Rocking-chair.

de rapporter une seule de ces conversations qui excitaient presque toujours le sourire amer et sardonique de l'abbé Troubert, elle eût offert une peinture achevée de la vie béotienne des provinciaux. Quelques gens d'esprit n'apprendraient peut-être pas sans plaisir les étranges développements que l'abbé Birotteau et mademoiselle Gamard donnaient à leurs opinions personnelles sur la politique, la religion et la littérature. Il y aurait certes quelque chose de comique à exposer : soit les raisons qu'ils avaient tous deux de douter sérieusement, en 1826, de la mort de Napoléon ; soit les conjectures qui les faisaient croire à l'existence de Louis XVII, sauvé dans le creux d'une grosse bûche. Qui n'eût pas ri de les entendre établissant, par des raisons bien évidemment à eux, que le roi de France disposait seul de tous les impôts, que les Chambres étaient assemblées pour détruire le clergé, qu'il était mort plus de treize cent mille personnes sur l'échafaud pendant la révolution ? Puis ils parlaient de la Presse sans connaître le nombre des journaux, sans avoir le moindre idée de ce qu'était cet instrument moderne. Enfin, monsieur Birotteau écoutait avec attention mademoiselle Gamard, quand elle disait qu'un homme nourri d'un œuf chaque matin devait infailliblement mourir à la fin de l'année, et que cela s'était vu ; qu'un petit pain mollet, mangé sans boire pendant quelques jours, guérissait de la sciatique ; que tous les ouvriers qui avaient travaillé à la démolition de l'abbaye Saint-Martin[1] étaient morts dans l'espace de six mois ; que certain préfet avait fait tout son possible, sous Bonaparte, pour ruiner les tours de Saint-Gatien, et milles autres contes absurdes.

Mais en ce moment Birotteau se sentit la langue morte, il se résigna donc à manger sans entamer la conversation. Bientôt il trouva ce silence dangereux pour son estomac et dit hardiment : — Voilà du café excellent ! Cet acte de

[1] The great basilica of St Martin, which was begun early in the eleventh century, was destroyed in 1797–1799. Nothing now remains but two isolated towers—the *tour Charlemagne* of the north transept, and the *tour du Trésor* or *de l'Horloge* which was on the right of the great central portal—and one side of the cloisters.

courage fut complètement inutile. Après avoir regardé le
ciel par le petit espace qui séparait, au-dessus du jardin,
les deux arcs-boutants noirs de Saint-Gatien, le vicaire eut
encore le courage de dire: — Il fera plus beau aujourd'hui
qu'hier...

A ce propos, mademoiselle Gamard se contenta de jeter
la plus gracieuse de ses œillades à l'abbé Troubert, et
reporta ses yeux empreints d'une sévérité terrible sur
Birotteau, qui heureusement avait baissé les siens.

Nulle créature du genre féminin n'était plus capable que
mademoiselle Sophie Gamard de formuler la nature élé-
giaque de la vieille fille; mais, pour bien peindre un être
dont le caractère prête un intérêt immense aux petits événements de ce drame, et à la vie antérieure des personnages
qui en sont les acteurs, peut-être faut-il résumer ici les
idées dont l'expression se trouve chez la vieille fille: la vie
habituelle fait l'âme, et l'âme fait la physionomie. Si
tout, dans la société comme dans le monde, doit avoir une
fin, il y a certes ici-bas quelques existences dont le but et
l'utilité sont inexplicables. La morale et l'économie politique repoussent également l'individu qui consomme sans
produire, qui tient une place sur terre sans répandre autour
de lui ni bien ni mal; car le mal est sans doute un bien
dont les résultats ne se manifestent pas immédiatement.
Il est rare que les vieilles filles ne se rangent pas d'elles-
mêmes dans la classe de ces êtres improductifs. Or, si la
conscience de son travail donne à l'être agissant un sentiment de satisfaction qui l'aide à supporter la vie, la certi-
tude d'être à charge ou même inutile doit produire un
effet contraire, et inspirer pour lui-même à l'être inerte le
mépris qu'il excite chez les autres. Cette dure réprobation
sociale est une des causes qui, à l'insu des vieilles filles,
contribuent à mettre dans leurs âmes le chagrin qu'expri-
ment leurs figures. Un préjugé dans lequel il y a du vrai
peut-être jette constamment partout, et en France encore
plus qu'ailleurs, une grande défaveur sur la femme avec
laquelle personne n'a voulu ni partager les biens ni supporter les maux de la vie. Or, il arrive pour les filles un

âge où le monde, à tort ou à raison, les condamne sur le dédain dont elles sont victimes. Laides, la bonté de leur caractère devait racheter les imperfections de la nature; jolies, leur malheur a dû être fondé sur des causes graves. On ne sait lesquelles, des unes ou des autres, sont les plus dignes de rebut. Si leur célibat a été raisonné, s'il est un vœu d'indépendance, ni les hommes, ni les mères ne leur pardonnent d'avoir menti au dévouement de la femme, en s'étant refusées aux passions qui rendent leur sexe si touchant: renoncer à ses douleurs, c'est en abdiquer la poésie, et ne plus mériter les douces consolations auxquelles une mère a toujours d'incontestables droits. Puis les sentiments généreux, les qualités exquises de la femme ne se développent que par leur constant exercice; en restant fille, une créature du sexe féminin n'est plus qu'un nonsens: égoïste et froide, elle fait horreur. Cet arrêt implacable est malheureusement trop juste pour que les vieilles filles en ignorent les motifs. Ces idées germent dans leur cœur aussi naturellement que les effets de leur triste vie se reproduisent dans leurs traits. Donc elles se flétrissent, parce que l'expansion constante ou le bonheur qui épanouit la figure des femmes et jette tant de mollesse dans leurs mouvements n'a jamais existé chez elles. Puis elles deviennent âpres et chagrines, parce qu'un être qui a manqué sa vocation est malheureux; il souffre, et la souffrance engendre la méchanceté. En effet, avant de s'en prendre à elle-même de son isolement, une fille en accuse longtemps le monde. De l'accusation à un désir de vengeance, il n'y a qu'un pas. Enfin, la mauvaise grâce répandue sur leurs personnes est encore un résultat nécessaire de leur vie. N'ayant jamais senti le besoin de plaire, l'élégance, le bon goût leur restent étrangers. Elles ne voient qu'elles en elles-mêmes. Ce sentiment les porte insensiblement à choisir les choses qui leur sont commodes, au détriment de celles qui peuvent être agréables à autrui. Sans se bien rendre compte de leur dissemblance avec les autres femmes, elles finissent par l'apercevoir et par en souffrir. La jalousie est un sentiment indélébile dans les cœurs féminins. Les vieilles filles sont donc jalouses à vide, et ne connaissent que les malheurs de la seule passion que les hommes pardonnent au beau sexe, parce qu'elle les flatte. Ainsi, torturées dans tous leurs vœux, obligées de se refuser aux développements de leur nature, les vieilles filles éprouvent toujours une gêne intérieure à laquelle elles ne s'habituent jamais. N'est-il pas dur à tout âge, surtout pour une femme, de lire sur les visages un sentiment de répulsion, quand il est dans sa destinée de n'éveiller autour d'elle, dans les cœurs, que des sensations gracieuses? Aussi le regard d'une vieille fille est-il toujours oblique, moins par modestie que par peur et honte. Ces êtres ne pardonnent pas à la société leur position fausse, parce qu'ils ne se la pardonnent pas à eux-mêmes. Or, il est impossible à une personne perpétuellement en guerre avec elle, ou en contradiction avec la vie, de laisser les autres en paix, et de ne pas envier leur bonheur. Ce monde d'idées tristes était tout entier dans les yeux gris et ternes de mademoiselle Gamard; et le large cercle noir par lequel ils étaient bordés, accusait les longs combats de sa vie solitaire. Toutes les rides de son visage étaient droites. La charpente de son front, de sa tête et de ses joues avait les caractères de la rigidité, de la sécheresse. Elle laissait pousser, sans aucun souci, les poils jadis bruns de quelques signes parsemés sur son menton. Ses lèvres minces couvraient à peine des dents trop longues qui ne manquaient pas de blancheur. Brune, ses cheveux jadis noirs avaient été blanchis par d'affreuses migraines. Cet accident la contraignait à porter un tour; mais ne sachant pas le mettre de manière à en dissimuler la naissance, il existait souvent de légers interstices entre le bord de son bonnet et le cordon noir qui soutenait cette demi-perruque assez mal bouclée. Sa robe, de taffetas en été, de mérinos en hiver, mais toujours de couleur carmélite[1], serrait un peu trop sa taille disgracieuse et ses bras maigres. Sans cesse rabattue, sa collerette laissait voir un cou dont la peau rougeâtre était aussi artistement rayée que peut

[1] Brown.

l'être une feuille de chêne vue dans la lumière. Son origine expliquait assez bien les malheurs de sa conformation. Elle était fille d'un marchand de bois, espèce de paysan parvenu. A dix-huit ans, elle avait pu être fraîche et grasse, mais il ne lui restait aucune trace ni de la blancheur de teint ni des jolies couleurs qu'elle se vantait d'avoir eues. Les tons de sa chair avaient contracté la teinte blafarde assez commune chez les dévotes. Son nez aquilin était celui de tous les traits de sa figure qui contribuait le plus à exprimer le despotisme de ses idées, de même que la forme plate de son front trahissait l'étroitesse de son esprit. Ses mouvements avaient une soudaineté bizarre qui excluait toute grâce; et rien qu'à la voir tirant son mouchoir de son sac pour se moucher à grand bruit, vous eussiez deviné son caractère et ses mœurs. D'une taille assez élevée, elle se tenait très droit, et justifiait l'observation d'un naturaliste qui a physiquement expliqué la démarche de toutes les vieilles filles en prétendant que leurs jointures se soudent. Elle marchait sans que le mouvement se distribuât également dans sa personne, de manière à produire ces ondulations si gracieuses, si attrayantes chez les femmes; elle allait, pour ainsi dire, d'une seule pièce, en paraissant surgir, à chaque pas, comme la statue du Commandeur. Dans ses moments de bonne humeur, elle donnait à entendre, comme le font toutes les vieilles filles, qu'elle aurait bien pu se marier, mais elle s'était heureusement aperçue à temps de la mauvaise foi de son amant, et faisait ainsi, sans le savoir, le procès à son cœur en faveur de son esprit de calcul.

Cette figure typique du genre *vieille fille* était très bien encadrée par les grotesques inventions d'un papier verni représentant des paysages turcs qui ornaient les murs de la salle à manger. Mademoiselle Gamard se tenait habituellement dans cette pièce décorée de deux consoles et d'un baromètre. A la place adoptée par chaque abbé se trouvait un petit coussin en tapisserie dont les couleurs étaient passées. Le salon commun où elle recevait était digne d'elle. Il sera bientôt connu en faisant observer qu'il se nommait *le salon jaune*: les draperies en étaient jaunes, le meuble et la tenture jaunes; sur la cheminée garnie d'une glace à cadre doré, des flambeaux et une pendule en cristal jetaient un éclat dur à l'œil. Quant au logement particulier de mademoiselle Gamard, il n'avait été permis à personne d'y pénétrer. L'on pouvait seulement conjecturer qu'il était rempli de ces chiffons, de ces meubles usés, de ces espèces de haillons dont s'entourent toutes les vieilles filles, et auxquels elles tiennent tant.

Telle était la personne destinée à exercer la plus grande influence sur les derniers jours de l'abbé Birotteau.

Faute d'exercer, selon les vœux de la nature, l'activité donnée à la femme, et par la nécessité où elle était de la dépenser, cette vieille fille l'avait transportée dans les intrigues mesquines, les caquetages de province et les combinaisons égoïstes dont finissent par s'occuper exclusivement toutes les vieilles filles. Birotteau, pour son malheur, avait développé chez Sophie Gamard les seuls sentiments qu'il fût possible à cette pauvre créature d'éprouver, ceux de la haine qui, latents jusqu'alors, par suite du calme et de la monotonie d'une vie provinciale dont pour elle l'horizon s'était encore rétréci, devaient acquérir d'autant plus d'intensité qu'ils allaient s'exercer sur de petites choses et au milieu d'une sphère étroite. Birotteau était de ces gens qui sont prédestinés à tout souffrir, parce que, ne sachant rien voir, ils ne peuvent rien éviter: tout leur arrive.

— Oui, il fera beau, répondit après un moment le chanoine qui parut sortir de sa rêverie et vouloir pratiquer les lois de la politesse.

Birotteau, effrayé du temps qui s'écoula entre la demande et la réponse, car il avait, pour la première fois de sa vie, pris son café sans parler, quitta la salle à manger où son cœur était serré comme dans un étau. Sentant sa tasse de café pesante sur son estomac, il alla se promener tristement dans les petites allées étroites et bordées de buis qui dessinaient une étoile dans le jardin. Mais en se retournant, après le premier tour qu'il y fit, il vit sur le seuil de la porte du salon mademoiselle Gamard et l'abbé Troubert plantés silencieusement: lui, les bras croisés et immobile comme la statue d'un tombeau; elle, appuyée sur la porte-persienne. Tous deux semblaient, en le regardant, compter le nombre de ses pas. Rien n'est déjà plus gênant pour une créature naturellement timide que d'être l'objet d'un examen curieux; mais s'il est fait par les yeux de la haine, l'espèce de souffrance qu'il cause se change en un martyre intolérable. Bientôt l'abbé Birotteau s'imagina qu'il empêchait mademoiselle Gamard et le chanoine de se promener. Cette idée, inspirée tout à la fois par la crainte et par la bonté, prit un tel accroissement qu'elle lui fit abandonner la place. Il s'en alla, ne pensant déjà plus à son canonicat, tant il était absorbé par la désespérante tyrannie de la vieille fille. Il trouva par hasard, et heureusement pour lui, beaucoup d'occupation à Saint-Gatien, où il y eut plusieurs enterrements, un mariage et deux baptêmes. Il put alors oublier ses chagrins. Quand son estomac lui annonça l'heure du dîner, il ne tira pas sa montre sans effroi, en voyant quatre heures et quelques minutes. Il connaissait la ponctualité de mademoiselle Gamard, il se hâta donc de se rendre au logis.

Il aperçut dans la cuisine le premier service desservi. Puis, quand il arriva dans la salle à manger, la vieille fille lui dit d'un son de voix où se peignaient également l'aigreur d'un reproche et la joie de trouver son pensionnaire en faute: — Il est quatre heures et demie, monsieur Birotteau. Vous savez que nous ne devons pas nous attendre.

Le vicaire regarda le cartel de la salle à manger, et la manière dont était posée l'enveloppe de gaze destinée à le garantir de la poussière, lui prouva que son hôtesse l'avait remonté pendant la matinée, en se donnant le plaisir de le faire avancer sur l'horloge de Saint-Gatien. Il n'y avait pas d'observation possible. L'expression verbale du soupçon conçu par le vicaire eût causé la plus terrible et la mieux justifiée des explosions éloquentes que mademoiselle Gamard sût, comme toutes les femmes de sa classe, faire jaillir en pareil cas. Les mille et une contrariétés qu'une servante peut faire subir à son maître, ou une femme à son mari dans les habitudes privées de la vie, furent devinées par mademoiselle Gamard, qui en accabla son pensionnaire. La manière dont elle se plaisait à ourdir ses conspirations contre le bonheur domestique du pauvre prêtre portèrent l'empreinte du génie le plus profondément malicieux. Elle s'arrangea pour ne jamais paraître avoir tort.

Huit jours après le moment où ce récit commence, l'habitation de cette maison, et les relations que l'abbé Birotteau avait avec mademoiselle Gamard, lui révélèrent une trame ourdie depuis six mois. Tant que la vieille fille avait sourdement exercé sa vengeance, et que le vicaire avait pu s'entretenir volontairement dans l'erreur, en refusant de croire à des intentions malveillantes, le mal moral avait fait peu de progrès chez lui. Mais depuis l'affaire du bougeoir remonté, de la pendule avancée, Birotteau ne pouvait plus douter qu'il ne vécût sous l'empire d'une haine dont l'œil était toujours ouvert sur lui. Il arriva dès lors rapidement au désespoir, en apercevant, à toute heure, les doigts crochus et effilés de mademoiselle Gamard prêts à s'enfoncer dans son cœur. Heureuse de vivre par un sentiment aussi fertile en émotions que l'est celui de la vengeance, la vieille fille se plaisait à planer, à peser sur le vicaire, comme un oiseau de proie plane et pèse sur un mulot avant de le dévorer. Elle avait conçu depuis longtemps un plan que le prêtre abasourdi ne pouvait deviner, et qu'elle ne tarda pas à dérouler, en montrant le génie que savent déployer, dans les petites choses, les personnes solitaires dont l'âme, inhabile à sentir les grandeurs de la piété vraie, s'est jetée dans les minuties de la dévotion. Dernière, mais affreuse aggravation de peine! La nature de ses chagrins interdisait à Birotteau, homme d'expansion, aimant à être plaint et consolé, la petite douceur de les raconter à ses amis. Le peu de tact qu'il devait à sa timidité lui faisait redouter de paraître ridicule en s'occupant de pareilles niaiseries. Et cependant ces niaiseries composaient toute son existence, sa chère existence pleine d'occupations dans le vide et de vide dans les occupations;

vie terne et grise où les sentiments trop forts étaient des malheurs, où l'absence de toute émotion était une félicité. Le paradis du pauvre prêtre se changea donc subitement en enfer. Enfin, ses souffrances devinrent intolérables. La terreur que lui causait la perspective d'une explication avec mademoiselle Gamard s'accrut de jour en jour ; et le malheur secret qui flétrissait les heures de sa vieillesse, altéra sa santé. Un matin, en mettant ses bas bleus chinés, il reconnut une perte de huit lignes dans la circonférence de son mollet. Stupéfait de ce diagnostic si cruellement irrécusable, il résolut de faire une tentative auprès de l'abbé Troubert, pour le prier d'intervenir officieusement entre mademoiselle Gamard et lui.

En se trouvant en présence de l'imposant chanoine, qui, pour le recevoir dans une chambre nue, quitta promptement un cabinet plein de papiers où il travaillait sans cesse, et où ne pénétrait personne, le vicaire eut presque honte de parler des taquineries de mademoiselle Gamard à un homme qui lui paraissait si sérieusement occupé. Mais après avoir subi toutes les angoisses de ces délibérations intérieures que les gens humbles, indécis ou faibles éprouvent même pour des choses sans importance, il se décida, non sans avoir le cœur grossi par des pulsations extraordinaires, à expliquer sa position à l'abbé Troubert. Le chanoine écouta d'un air grave et froid, essayant, mais en vain, de réprimer certains sourires qui, peut-être, eussent révélé les émotions d'un contentement intime à des yeux intelligents. Une flamme parut s'échapper de ses paupières lorsque Birotteau lui peignit, avec l'éloquence que donnent les sentiments vrais, la constante amertume dont il était abreuvé ; mais Troubert mit la main au-dessus de ses yeux par un geste assez familier aux penseurs, et garda l'attitude de dignité qui lui était habituelle. Quand le vicaire eut cessé de parler, il aurait été bien embarrassé s'il avait voulu chercher sur la figure de Troubert, alors marbrée par des taches plus jaunes encore que ne l'était ordinairement son teint bilieux, quelques traces des sentiments qu'il avait dû exciter chez ce prêtre mystérieux. Après être resté pendant un moment silencieux, le chanoine fit une de ces réponses dont toutes les paroles devaient être long-temps étudiées pour que leur portée fût entièrement mesurée, mais qui, plus tard, prouvaient aux gens réfléchis l'étonnante profondeur de son âme et la puissance de son esprit. Enfin, il accabla Birotteau en lui disant : que "ces choses l'étonnaient d'autant plus, qu'il ne s'en serait jamais aperçu sans la confession de son frère ; il attribuait ce défaut d'intelligence à ses occupations sérieuses, à ses travaux, et à la tyrannie de certaines pensées élevées qui ne lui permettaient pas de regarder aux détails de la vie." Il lui fit observer, mais sans avoir l'air de vouloir censurer la conduite d'un homme dont l'âge et les connaissances méritaient son respect, que "jadis les solitaires songeaient rarement à leur nourriture, à leur abri, au fond des thé-baïdes où ils se livraient à de saintes contemplations," et que, "de nos jours, le prêtre pouvait par la pensée se faire partout une thébaïde." Puis, revenant à Birotteau, il ajouta : que "ces discussions étaient toutes nouvelles pour lui. Pendant douze années, rien de semblable n'avait eu lieu entre mademoiselle Gamard et le vénérable abbé Chapeloud. Quant à lui, sans doute, il pouvait bien, ajouta-t-il, devenir l'arbitre entre le vicaire et leur hôtesse, parce que son amitié pour elle ne dépassait pas les bornes imposées par les lois de l'Église à ses fidèles serviteurs ; mais alors la justice exigeait qu'il entendît aussi made-moiselle Gamard. Que, d'ailleurs, il ne trouvait rien de changé en elle ; qu'il l'avait toujours vue ainsi ; qu'il s'était volontiers soumis à quelques-uns de ses caprices, sachant que cette respectable demoiselle était la bonté, la douceur même ; qu'il fallait attribuer les légers change-ments de son humeur aux souffrances causées par une pulmonie dont elle ne parlait pas, et à laquelle elle se résignait en vraie chrétienne..." Il finit en disant au vicaire, que : "pour peu qu'il restât encore quelques années auprès de mademoiselle, il saurait mieux l'apprécier, et recon-naître les trésors de cet excellent caractère."

L'abbé Birotteau sortit confondu. Dans la nécessité

fatale où il se trouvait de ne prendre conseil que de lui-même, il jugea mademoiselle Gamard d'après lui. Le bon-homme crut, en s'absentant pendant quelques jours, éteindre, faute d'aliment, la haine que lui portait cette fille. Donc il résolut d'aller, comme jadis, passer plusieurs jours à une campagne où madame de Listomère se rendait à la fin de l'automme, époque à laquelle le ciel est ordinaire-ment pur et doux en Touraine. Pauvre homme! il accom-plissait précisément les vœux secrets de sa terrible ennemie, dont les projets ne pouvaient être déjoués que par une patience de moine; mais, ne devinant rien, ne sachant point ses propres affaires, il devait succomber comme un agneau, sous le premier coup du boucher.

Située sur la levée qui se trouve entre la ville de Tours et les hauteurs de Saint-Georges, exposée au midi, entourée de rochers, la propriété de madame de Listomère offrait les agréments de la campagne et tous les plaisirs de la ville. En effet, il ne fallait pas plus de dix minutes pour venir du pont de Tours à la porte de cette maison, nommée *l'Alou-ette*; avantage précieux dans un pays où personne ne veut se déranger pour quoi que ce soit, même pour aller chercher un plaisir. L'abbé Birotteau était à l'Alouette depuis en-viron dix jours, lorsqu'un matin, au moment du déjeuner, le concierge vint lui dire que monsieur Caron désirait lui parler. Monsieur Caron était un avocat chargé des affaires de mademoiselle Gamard. Birotteau ne s'en souvenant pas et ne se connaissant aucun point litigieux à démêler avec qui que ce fût au monde, quitta la table en proie à une sorte d'anxiété pour chercher l'avocat: il le trouva modestement assis sur la balustrade d'une terrasse.

— L'intention où vous êtes de ne plus loger chez made-moiselle Gamard étant devenue évidente...dit l'homme d'affaires.

— Eh! monsieur, s'écria l'abbé Birotteau en interrom-pant, je n'ai jamais pensé à la quitter.

— Cependant, monsieur, reprit l'avocat, il faut bien que vous vous soyez expliqué à cet égard avec mademoiselle,

puisqu'elle m'envoie à la fin de savoir si vous restez longtemps à la campagne. Le cas d'une longue absence, n'ayant
pas été prévu dans vos conventions, peut donner matière
à contestation. Or, mademoiselle Gamard entendant que
votre pension...

— Monsieur, dit Birotteau surpris et interrompant encore l'avocat, je ne croyais pas qu'il fût nécessaire d'employer des voies presque judiciaires pour...

— Mademoiselle Gamard, qui veut prévenir toute difficulté, dit monsieur Caron, m'a envoyé pour m'entendre
avec vous.

— Eh! bien, si vous voulez avoir la complaisance de
revenir demain, reprit encore l'abbé Birotteau, j'aurai con-
sulté de mon côté.

— Soit, dit Caron en saluant.

Et le ronge-papiers se retira. Le pauvre vicaire, épouvanté de la persistance avec laquelle mademoiselle Gamard
le poursuivait, rentra dans la salle à manger de madame
de Listomère, en offrant une figure bouleversée. A son
aspect, chacun de lui demander: — Que vous arrive-t-il
donc, monsieur Birotteau?...

L'abbé, désolé, s'assit sans répondre, tant il était frappé
par les vagues images de son malheur. Mais, après le déjeuner, quand plusieurs de ses amis furent réunis dans le
salon devant un bon feu, Birotteau leur raconta naïvement les détails de son aventure. Ses auditeurs, qui commençaient à s'ennuyer de leur séjour à la campagne,
s'intéressèrent vivement à cette intrigue si bien en harmonie avec la vie de province. Chacun prit parti pour
l'abbé contre la vieille fille.

— Comment! lui dit madame de Listomère, ne voyez-
vous pas clairement que l'abbé Troubert veut votre logement?

Ici, l'historien serait en droit de crayonner le portrait de
cette dame; mais il a pensé que ceux mêmes auxquels le
système de *cognomologie* de Sterne est inconnu, ne pour-
raient pas prononcer ces trois mots: MADAME DE LISTO-
MÈRE! sans se la peindre noble, digne, tempérant les

rigueurs de la piété par la vieille élégance des mœurs monarchiques et classiques, par des manières polies; bonne, mais un peu raide; légèrement nasillarde; se permettant la lecture de *la Nouvelle Héloïse*, la comédie, et se coiffant encore en cheveux.

— Il ne faut pas que l'abbé Birotteau cède à cette vieille tracassière? s'écria monsieur de Listomère, lieutenant de vaisseau venu en congé chez sa tante. Si le vicaire a du cœur et veut suivre mes avis, il aura bientôt conquis sa tranquillité.

Enfin, chacun se mit à analyser les actions de mademoiselle Gamard avec la perspicacité particulière aux gens de province, auxquels on ne peut refuser le talent de savoir mettre à nu les motifs les plus secrets des actions humaines.

— Vous n'y êtes pas, dit un vieux propriétaire qui connaissait le pays. Il y a là-dessous quelque chose de grave que je ne saisis pas encore. L'abbé Troubert est trop profond pour être deviné si promptement. Notre cher Birotteau n'est qu'au commencement de ses peines. D'abord, sera-t-il heureux et tranquille, même en cédant son logement à Troubert? J'en doute. — Si Caron est venu vous dire, ajouta-t-il en se tournant vers le prêtre ébahi, que vous aviez l'intention de quitter mademoiselle Gamard, sans doute mademoiselle Gamard a l'intention de vous mettre hors de chez elle... Eh! bien, vous en sortirez bon gré mal gré. Ces sortes de gens ne hasardent jamais rien, et ne jouent qu'à coup sûr.

Ce vieux gentilhomme, nommé monsieur de Bourbonne, résumait toutes les idées de la province aussi complètement que Voltaire a résumé l'esprit de son époque. Ce vieillard, sec et maigre, professait en matière d'habillement toute l'indifférence d'un propriétaire dont la valeur territoriale est cotée dans le département. Sa physionomie, tannée par le soleil de la Touraine, était moins spirituelle que fine. Habitué à peser ses paroles, à combiner ses actions, il cachait sa profonde circonspection sous une simplicité trompeuse. Aussi l'observation la plus légère suffisait-elle pour apercevoir que, semblable à un paysan de Normandie, il avait toujours l'avantage dans toutes les affaires. Il était très supérieur en œnologie[1], la science favorite des Tourangeaux. Il avait su arrondir les prairies d'un de ses domaines aux dépens des lais de la Loire en évitant tout procès avec l'État. Ce bon tour le faisait passer pour un homme de talent. Si, charmé par la conversation de monsieur de Bourbonne, vous eussiez demandé sa biographie à quelque Tourangeau: — Oh! *c'est un vieux malin!* eût été la réponse proverbiale de tous ses jaloux, et il en avait beaucoup. En Touraine, la jalousie forme, comme dans la plupart des provinces, *le fond de la langue.*

L'observation de monsieur de Bourbonne occasionna momentanément un silence pendant lequel les personnes qui composaient ce petit comité parurent réfléchir. Sur ces entrefaites, mademoiselle Salomon de Villenoix fut annoncée. Amenée par le désir d'être utile à Birotteau, elle arrivait de Tours, et les nouvelles qu'elle en apportait changèrent complètement la face des affaires. Au moment de son arrivée, chacun, sauf le propriétaire, conseillait à Birotteau de guerroyer contre Troubert et Gamard, sous les auspices de la société aristocratique qui devait le protéger.

— Le vicaire-général[2] auquel le travail du personnel est remis, dit mademoiselle Salomon, vient de tomber malade, et l'archevêque a commis à sa place monsieur l'abbé Trouvert. Maintenant, la nomination au canonicat dépend donc entièrement de lui. Or, hier, chez mademoiselle de La Blottière, l'abbé Poirel a parlé des désagréments que l'abbé Birotteau causait à mademoiselle Gamard, de manière à vouloir justifier la disgrâce dont sera frappé notre bon abbé: "L'abbé Birotteau est un homme auquel l'abbé Chapeloud était bien nécessaire, disait-il; et depuis la mort de ce vertueux chanoine, il a été prouvé que..." Les suppositions, les calomnies se sont succédé. Vous comprenez?

[1] The making of wine.
[2] Assistant to the bishop.

— Troubert sera vicaire-général, dit solennellement monsieur de Bourbonne.

— Voyons! s'écria madame de Listomère en regardant Birotteau. Que préférez-vous: être chanoine, ou rester chez mademoiselle Gamard?

— Être chanoine, fut un cri général.

— Eh! bien, reprit madame de Listomère, il faut donner gain de cause à l'abbé Troubert et à mademoiselle Gamard. Ne vous font-ils pas savoir indirectement, par la visite de Caron, que si vous consentez à les quitter vous serez chanoine? Donnant, donnant![1]

Chacun se récria sur la finesse et la sagacité de madame de Listomère, excepté le baron de Listomère son neveu, qui dit, d'un ton comique, à monsieur de Bourbonne: — J'aurais voulu le combat entre *la Gamard* et *le Birotteau.*

Mais, pour le malheur du vicaire, les forces n'étaient pas égales entre les gens du monde et la vieille fille soutenue par l'abbé Troubert. Le moment arriva bientôt où la lutte devait se dessiner plus franchement, s'agrandir, et prendre des proportions énormes. Sur l'avis de madame de Listomère et de la plupart de ses adhérents qui commençaient à se passionner pour cette intrigue jetée dans le vide de leur vie provinciale, un valet fut expédié à monsieur Caron. L'homme d'affaires revint avec une célérité remarquable, et qui n'effraya que monsieur de Bourbonne.

— Ajournons toute décision jusqu'à un plus ample informé, fut l'avis de ce Fabius[2] en robe de chambre auquel de profondes réflexions révélaient les hautes combinaisons de l'échiquier tourangeau.

Il voulut éclairer Birotteau sur les dangers de sa position. La sagesse du *vieux malin* ne servait pas les passions du moment, il n'obtint qu'une légère attention. La conférence entre l'avocat et Birotteau dura peu. Le vicaire rentra tout effaré, disant: — Il me demande un écrit qui constate mon *retrait.*

---

[1] Tit for tat.

[2] Fabius Cunctator, the well-known Roman general of the second Punic War, "who restored Rome's fortunes by biding his time."

— Quel est ce mot effroyable? dit le lieutenant de vaisseau.

— Qu'est-ce que cela veut dire? s'écria madame de Listomère.

— Cela signifie simplement que l'abbé doit déclarer vouloir quitter la maison de mademoiselle Gamard, répondit monsieur de Bourbonne en prenant une prise de tabac.

— N'est-ce que cela? Signez! dit madame de Listomère en regardant Birotteau. Si vous êtes décidé sérieusement à sortir de chez elle, il n'y a aucun inconvénient à constater votre volonté.

La *volonté de Birotteau!*

— Cela est juste, dit monsieur de Bourbonne en fermant sa tabatière par un geste sec dont la signification est impossible à rendre, car c'était tout un langage. — Mais il est toujours dangereux d'écrire, ajouta-t-il en posant sa tabatière sur la cheminée d'un air à épouvanter le vicaire.

Birotteau se trouvait tellement hébété par le renversement de toutes ses idées, par la rapidité des événements qui le surprenaient sans défense, par la facilité avec laquelle ses amis traitaient les affaires les plus chères de sa vie solitaire, qu'il restait immobile, comme perdu dans la lune, ne pensant à rien, mais écoutant et cherchant à comprendre le sens des rapides paroles que tout le monde prodiguait. Il prit l'écrit de monsieur Caron, et le lut, comme si le *libellé* de l'avocat allait être l'objet de son attention; mais ce fut un mouvement machinal. Et il signa cette pièce, par laquelle il reconnaissait renoncer volontairement à demeurer chez mademoiselle Gamard, comme à y être nourri suivant les conventions faites entre eux. Quand le vicaire eut achevé d'apposer sa signature, le sieur Caron reprit l'acte et lui demanda dans quel endroit sa cliente devait faire remettre les choses à lui appartenant. Birotteau indiqua la maison de madame de Listomère. Par un signe, cette dame consentit à recevoir l'abbé pour quelques jours, ne doutant pas qu'il ne fût bientôt nommé chanoine. Le vieux propriétaire voulut

voir cette espèce d'acte de renonciation, et monsieur Caron
le lui apporta.

— Eh! bien, demanda-t-il au vicaire après l'avoir lu, il
existe donc entre vous et mademoiselle Gamard des conventions écrites? où sont-elles! quelles en sont les stipula-
tions?

— L'acte est chez moi, répondit Birotteau.

— En connaissez-vous la teneur? demanda le propriétaire à l'avocat.

— Non, monsieur, dit monsieur Caron en tendant la
main pour reprendre le papier fatal.

— Ah! se dit en lui-même le vieux propriétaire, toi,
monsieur l'avocat, tu sais sans doute tout ce que cet acte
contient; mais tu n'es pas payé pour nous le dire.

Et monsieur de Bourbonne rendit la renonciation à
l'avocat.

— Où vais-je mettre tous mes meubles? s'écria Birotteau, et mes livres, ma belle bibliothèque, mes beaux
tableaux, mon salon rouge, enfin tout mon mobilier!

Et le désespoir du pauvre homme, qui se trouvait dé-
planté pour ainsi dire, avait quelque chose de si naïf; il
peignait si bien la pureté de ses mœurs, son ignorance des
choses du monde, que madame de Listomère et mademoiselle Salomon lui dirent pour le consoler, en prenant le
ton employé par les mères quand elles promettent un jouet
à leurs enfants: — N'allez-vous pas vous inquiéter de ces
niaiseries-là? Mais nous vous trouverons toujours bien une
maison moins froide, moins noire que celle de mademoiselle
Gamard. S'il ne se rencontre pas de logement qui vous
plaise, eh! bien, l'une de nous vous prendra chez elle en
pension. Allons, faisons un trictrac. Demain vous irez voir
monsieur l'abbé Troubert pour lui demander son appui, et
vous verrez comme vous serez bien reçu par lui!

Les gens faibles se rassurent aussi facilement qu'ils se
sont effrayés. Donc le pauvre Birotteau, ébloui par la
perspective de demeurer chez madame de Listomère,
oublia la ruine, consommée sans retour, du bonheur qu'il
avait si longtemps désiré, dont il avait si délicieusement

joui. Mais le soir, avant de s'endormir, et avec la douleur d'un homme pour qui le tracas d'un déménagement et de nouvelles habitudes étaient la fin du monde, il se tortura l'esprit à chercher où il pourrait retrouver, pour sa bibliothèque un emplacement aussi commode que l'était sa galerie. En voyant ses livres errants, ses meubles disloqués et son ménage en désordre, il se demandait mille fois pourquoi la première année passée chez mademoiselle Gamard avait été si douce, et la seconde si cruelle. Et toujours son aventure était un puits sans fond où tombait sa raison. Le canonicat ne lui semblait plus une compensation suffisante à tant de malheurs, et il comparait sa vie à un bas dont une seule maille échappée faisait déchirer toute la trame. Mademoiselle Salomon lui restait. Mais, en perdant ses vieilles illusions, le pauvre prêtre n'osait plus croire à une jeune amitié.

Dans la *citta dolente*[1] des vieilles filles, il s'en rencontre beaucoup, surtout en France, dont la vie est un sacrifice noblement offert tous les jours à de nobles sentiments. Les unes demeurent fièrement fidèles à un cœur que la mort leur a trop promptement ravi: martyres de l'amour, elles trouvent le secret d'être femmes par l'âme. Les autres obéissent à un orgueil de famille, qui, chaque jour, déchoit à notre honte, et se dévouent à la fortune d'un frère, ou à des neveux orphelins: celles-là se font mères en restant vierges. Ces vieilles filles atteignent au plus haut héroïsme de leur sexe, en consacrant tous les sentiments féminins au culte du malheur. Elles idéalisent la figure de la femme, en renonçant aux récompenses de sa destinée et n'en acceptant que les peines. Elles vivent alors entourées de la splendeur de leur dévouement, et les hommes inclinent respectueusement la tête devant leurs traits flétris. Mademoiselle de Sombreuil[2] n'a été ni femme ni fille; elle fut et sera toujours une vivante poésie. Mademoiselle Salomon

---

[1] *Per me si va nella città dolente* is the first line of the inscription over the portal of Dante's Inferno (*Inf.* III. I).

[2] There was a tradition that in the September massacres Mlle de Sombreuil obtained the remission of her father's death-sentence by drinking a glass filled with the blood of aristocrats.

appartenait à ces créatures héroïques. Son dévouement était religieusement sublime, en ce qu'il devait être sans gloire, après avoir été une souffrance de tous les jours. Belle, jeune, elle fut aimée, elle aima; son prétendu perdit la raison. Pendant cinq années, elle s'était, avec le courage de l'amour, consacrée au bonheur mécanique de ce malheureux, de qui elle avait si bien épousé la folie qu'elle ne le croyait point fou. C'était, du reste, une personne simple de manières, franche en son langage, et dont le visage pâle ne manquait pas de physionomie, malgré la régularité de ses traits. Elle ne parlait jamais des événements de sa vie. Seulement, parfois, les tressaillements soudains qui lui échappaient en entendant le récit d'une aventure affreuse, ou triste, révélaient en elle les belles qualités que développent les grandes douleurs. Elle était venue habiter Tours après avoir perdu le compagnon de sa vie. Elle ne pouvait y être appréciée à sa juste valeur, et passait pour une *bonne personne*. Elle faisait beaucoup de bien, et s'attachait, par goût, aux êtres faibles. A ce titre, le pauvre vicaire lui avait inspiré naturellement un profond intérêt.

Mademoiselle de Villenoix, qui allait à la ville dès le matin, y emmena Birotteau, le mit sur le quai de la Cathédrale, et le laissa s'acheminant vers le Cloître où il avait grand désir d'arriver pour sauver au moins le canonicat du naufrage, et veiller à l'enlèvement de son mobilier. Il ne sonna pas sans éprouver de violentes palpitations de cœur, à la porte de cette maison où il avait l'habitude de venir depuis quatorze ans, qu'il avait habitée, et d'où il devait s'exiler à jamais, après avoir rêvé d'y mourir en paix, à l'imitation de son ami Chapeloud. Marianne parut surprise de voir le vicaire. Il lui dit qu'il venait parler à l'abbé Troubert, et se dirigea vers le rez-de-chaussée où demeurait le chanoine; mais Marianne lui cria:

— L'abbé Troubert n'est plus là, monsieur le vicaire, il est dans votre ancien logement.

Ces mots causèrent un affreux saisissement au vicaire qui comprit enfin le caractère de Troubert, et la profondeur d'une vengeance si lentement calculée, en le trouvant

établi dans la bibliothèque de Chapeloud, assis dans le
beau fauteuil gothique de Chapeloud, couchant sans doute
dans le lit de Chapeloud, jouissant des meubles de Chapeloud, logé au cœur de Chapeloud, annulant le testament
de Chapeloud, et déshéritant enfin l'ami de ce Chapeloud,
qui, pendant si longtemps, l'avait parqué chez mademoiselle Gamard, en lui interdisant tout avancement et
lui fermant les salons de Tours.

Par quel coup de baguette magique cette métamorphose
avait-elle eu lieu? Tout cela n'appartenait-il donc plus à
Birotteau? Certes, en voyant l'air sardonique avec lequel
Troubert contemplait cette bibliothèque, le pauvre Birotteau jugea que le futur vicaire-général était sûr de posséder
toujours la dépouille de ceux qu'il avait si cruellement
haïs, Chapeloud comme un ennemi, et Birotteau, parce
qu'en lui se retrouvait encore Chapeloud. Mille idées se
levèrent, à cet aspect, dans le cœur du bonhomme, et le
plongèrent dans une sorte de songe. Il resta immobile et
comme fasciné par l'œil de Troubert, qui le regardait
fixement.

— Je ne pense pas, monsieur, dit enfin Birotteau, que
vous vouliez me priver des choses qui m'appartiennent.
Si mademoiselle Gamard a pu être impatiente de vous
mieux loger, elle doit se montrer cependant assez juste
pour me laisser le temps de reconnaître mes livres et d'enlever mes meubles.

— Monsieur, dit froidement l'abbé Troubert en ne
laissant paraître sur son visage aucune marque d'émotion,
mademoiselle Gamard m'a instruit hier de votre départ,
dont la cause m'est encore inconnue. Si elle m'a installé
ici, ce fut par nécessité. Monsieur l'abbé Poirel a pris mon
appartement. J'ignore si les choses qui sont dans ce logement appartiennent ou non à mademoiselle; mais, si elles
sont à vous, vous connaissez sa bonne foi: la sainteté de
sa vie est une garantie de sa probité. Quant à moi, vous
n'ignorez pas la simplicité de mes mœurs. J'ai couché
pendant quinze années dans une chambre nue sans faire
attention à l'humidité qui m'a tué à la longue. Cependant,

si vous vouliez habiter de nouveau cet appartement, je vous le céderais volontiers.

En entendant ces mots terribles, Birotteau oublia l'affaire du canonicat, il descendit avec la promptitude d'un jeune homme pour chercher mademoiselle Gamard, et la rencontra au bas de l'escalier sur le large palier dallé qui unissait les deux corps de logis.

— Mademoiselle, dit-il en la saluant et sans faire attention ni au sourire aigrement moqueur qu'elle avait sur les lèvres ni à la flamme extraordinaire qui donnait à ses yeux la clarté de ceux des tigres, je ne m'explique pas comment vous n'avez pas attendu que j'aie enlevé mes meubles, pour...

— Quoi! lui dit-elle en l'interrompant. Est-ce que tous vos effets n'auraient pas été remis chez madame de Listomère?

— Mais, mon mobilier?

— Vous n'avez donc pas lu votre acte? dit la vieille fille d'un ton qu'il faudrait pouvoir écrire musicalement pour faire comprendre combien le haine sut mettre de nuances dans l'accentuation de chaque mot.

Et mademoiselle Gamard parut grandir, et ses yeux brillèrent encore, et son visage s'épanouit, et toute sa personne frissonna de plaisir. L'abbé Troubert ouvrit une fenêtre pour lire plus distinctement dans un volume in-folio. Birotteau resta comme foudroyé. Mademoiselle Gamard lui cornait aux oreilles, d'une voix aussi claire que le son d'une trompette, les phrases suivantes: — N'est-il pas convenu, au cas où vous sortiriez de chez moi, que votre mobilier m'appartiendrait, pour m'indemniser de la différence qui existait entre la quotité de votre pension et celle du respectable abbé Chapeloud? Or, monsieur l'abbé Poirel ayant été nommé chanoine...

En entendant ces derniers mots, Birotteau s'inclina faiblement, comme pour prendre congé de la vieille fille; puis il sortit précipitamment. Il avait peur, en restant plus longtemps, de tomber en défaillance, et de donner ainsi un trop grand triomphe à de si implacables ennemis.

Marchant comme un homme ivre, il gagna la maison de madame de Listomère où il trouva dans une salle basse son linge, ses vêtements et ses papiers contenus dans une malle. A l'aspect des débris de son mobilier, le malheureux prêtre s'assit, et se cacha le visage dans ses mains pour dérober aux gens la vue de ses pleurs. L'abbé Poirel était chanoine! Lui, Birotteau, se voyait sans asile, sans fortune et sans mobilier! Heureusement, mademoiselle Salomon vint à passer en voiture. Le concierge de la maison, qui comprit le désespoir du pauvre homme, fit un signe au cocher. Puis, après quelques mots échangés entre la vieille fille et le concierge, le vicaire se laissa conduire demi-mort près de sa fidèle amie, à laquelle il ne put dire que des mots sans suite. Mademoiselle Salomon, effrayée du dérangement momentané d'une tête déjà si faible, l'emmena sur-le-champ à l'Alouette, en attribuant ce commencement d'aliénation mentale à l'effet qu'avait dû produire sur lui la nomination de l'abbé Poirel. Elle ignorait les conventions du prêtre avec mademoiselle Gamard, par l'excellente raison qu'il en ignorait lui-même l'étendue. Et comme il est dans la nature que le comique se trouve mêlé parfois aux choses les plus pathétiques, les étranges réponses de Birotteau firent presque sourire mademoiselle Salomon.

— Chapeloud avait raison, disait-il. C'est un monstre!

— Qui? demandait-elle.

— Chapeloud. Il m'a tout pris.

— Poirel donc?

— Non, Troubert.

Enfin, ils arrivèrent à l'Alouette, où les amis du prêtre lui prodiguèrent des soins si empressés, que, vers le soir, ils le calmèrent, et purent obtenir de lui le récit de ce qui s'était passé pendant la matinée.

Le flegmatique propriétaire demanda naturellement à voir l'acte qui, depuis la veille, lui paraissait contenir le mot de l'énigme. Birotteau tira le fatal papier timbré de sa poche, le tendit à monsieur de Bourbonne, qui le lut rapidement, et arriva bientôt à une clause ainsi conçue:

Comme il se trouve une différence de huit cents francs par an entre la pension que payait feu monsieur Chapeloud et celle pour laquelle ladite Sophie Gamard consent à prendre chez elle, aux conditions ci-dessus stipulées, ledit François Birotteau; attendu que le soussigné François Birotteau reconnaît surabondamment être hors d'état de donner pendant plusieurs années le prix payé par les pensionnaires de la demoiselle Gamard, et notamment par l'abbé Troubert; enfin, eu égard à diverses avances faites par ladite Sophie Gamard sous-signée, ledit Birotteau s'engage à lui laisser à titre d'indemnité le mobilier dont il se trouvera possesseur à son décès, ou lorsque, par quelque cause que ce puisse être, il viendrait à quitter volontairement, et à quelque époque que ce soit, les lieux à lui présentement loués, et à ne plus profiter des avantages stipulés dans les engagements pris par mademoiselle Gamard envers lui, ci-dessus...

— Tudieu, quelle grosse! s'écria le propriétaire, et de quelles griffes est armée ladite Sophie Gamard!

Le pauvre Birotteau, n'imaginant dans sa cervelle d'enfant aucune cause qui pût le séparer un jour de mademoiselle Gamard, comptait mourir chez elle. Il n'avait aucun souvenir de cette clause, dont les termes ne furent pas même discutés jadis, tant elle lui avait semblé juste, lorsque, dans son désir d'appartenir à la vieille fille, il aurait signé tous les parchemins qu'on lui aurait présentés. Cette innocence était si respectable, et la conduite de mademoiselle Gamard si atroce; le sort de ce pauvre sexagénaire avait quelque chose de si déplorable, et sa faiblesse le rendait si touchant, que, dans un premier moment d'indignation, madame de Listomère s'écria: — Je suis cause de la signature de l'acte qui vous a ruiné, je dois vous rendre le bonheur dont je vous ai privé.

— Mais, dit le vieux gentilhomme, l'acte constitue un dol[1], et il y a matière à procès...

— Eh bien! Birotteau plaidera. S'il perd à Tours, il gagnera à Orléans. S'il perd à Orléans, il gagnera à Paris, s'écria le baron de Listomère.

— S'il veut plaider, reprit froidement monsieur de Bourbonne, je lui conseille de se démettre d'abord de son vicariat.

— Nous consulterons des avocats, reprit madame de

[1] A legal term (from Latin *dolus*) for fraud.

Listomère, et nous plaiderons s'il faut plaider. Mais cette affaire est trop honteuse pour mademoiselle Gamard, et peut devenir trop nuisible à l'abbé Troubert, pour que nous n'obtenions pas quelque transaction.

Après mûre délibération, chacun promit son assistance à l'abbé Birotteau dans la lutte qui allait s'engager entre lui et tous les adhérents de ses antagonistes. Un sûr pressentiment, un instinct provincial indéfinissable forçait chacun à unir les deux noms de Gamard et Troubert. Mais aucun de ceux qui se trouvaient alors chez madame de Listomère, excepté le vieux malin, n'avait une idée bien exacte de l'importance d'un semblable combat. Monsieur de Bourbonne attira dans un coin le pauvre abbé.

— Des quatorze personnes qui sont ici, lui dit-il à voix basse, il n'y en aura pas une pour vous dans quinze jours. Si vous avez besoin d'appeler quelqu'un à votre secours, vous ne trouverez peut-être alors que moi d'assez hardi pour oser prendre votre défense, parce que je connais la province, les hommes, les choses, et, mieux encore, les intérêts! Mais tous vos amis, quoique pleins de bonnes intentions, vous mettent dans un mauvais chemin d'où vous ne pourrez vous tirer. Écoutez mon conseil. Si vous voulez vivre en paix, quittez le vicariat de Saint-Gatien, quittez Tours. Ne dites pas où vous irez, mais allez chercher quelque cure éloignée où Troubert ne puisse pas vous rencontrer.

— Abandonner Tours? s'écria le vicaire avec un effroi indescriptible.

C'était pour lui une sorte de mort. N'était-ce pas briser toutes les racines par lesquelles il s'était planté dans le monde? Les célibataires remplacent les sentiments par des habitudes. Lorsqu'à ce système moral, qui les fait moins vivre que traverser la vie, se joint un caractère faible, les choses extérieures prennent sur eux un empire étonnant. Aussi Birotteau était-il devenu semblable à quelque végétal: le transplanter, c'était en risquer l'innocente fructification. De même que, pour vivre, un arbre doit retrouver à toute heure les mêmes sucs, et toujours avoir ses chevelus dans le même terrain, Birotteau devait toujours trotter dans Saint-Gatien; toujours piétiner dans l'endroit du Mail où il se promenait habituellement, sans cesse parcourir les rues par lesquelles il passait, et continuer d'aller dans les trois salons, ou il jouait, pendant chaque soirée, au wisth ou au trictrac.

— Ah! je n'y pensais pas, répondit monsieur de Bourbonne en regardant le prêtre avec une espèce de pitié.

Tout le monde sut bientôt, dans la ville de Tours, que madame la baronne de Listomère, veuve d'un lieutenant-général, recueillait l'abbé Birotteau, vicaire de Saint-Gatien. Ce fait, que beaucoup de gens révoquaient en doute, trancha nettement toutes les questions, et dessina les partis, surtout lorsque mademoiselle Salomon osa, la première, parler de dol et de procès. Avec la vanité subtile qui distingue les vieilles filles, et le fanatisme de personnalité qui les caractérise, mademoiselle Gamard se trouva fortement blessée du parti que prenait madame de Listomère. La baronne était une femme de haut rang, élégante dans ses mœurs, et dont le bon goût, les manières polies, la piété ne pouvaient être contestés. Elle donnait, en recueillant Birotteau, le démenti le plus formel à toutes les assertions de mademoiselle Gamard, en censurait indirectement la conduite, et semblait sanctionner les plaintes du vicaire contre son ancienne hôtesse.

Il est nécessaire, pour l'intelligence de cette histoire, d'expliquer ici tout ce que le discernement et l'esprit d'analyse avec lequel les vieilles femmes se rendent compte des actions d'autrui prêtaient de force à mademoiselle Gamard, et quelles étaient les ressources de son parti. Accompagnée du silencieux abbé Troubert, elle allait passer ses soirées dans quatre ou cinq maisons où se réunissaient une douzaine de personnes toutes liées entre elles par les mêmes goûts, et par l'analogie de leur situation. C'était un ou deux vieillards qui épousaient les passions et les caquetages de leurs servantes; cinq ou six vieilles filles qui passaient toute leur journée à tamiser les paroles, à scruter les démarches de leurs voisins et des gens placés au-dessus ou au-dessous d'elles dans la société; puis, enfin, plusieurs femmes âgées, exclusivement occupées à distiller les médisances, à tenir un registre exact de toutes les fortunes, ou à contrôler les actions des autres: elles pronostiquaient les mariages et blâmaient la conduite de leurs amies aussi aigrement que celle de leurs ennemies. Ces personnes, logées toutes dans la ville de manière à y figurer les vaisseaux capillaires d'une plante, aspiraient, avec la soif d'une feuille pour la rosée, les nouvelles, les secrets de chaque ménage, les pompaient et les transmettaient machinalement à l'abbé Troubert, comme les feuilles communiquent à la tige la fraîcheur qu'elles ont absorbée. Donc, pendant chaque soirée de la semaine, excitées par ce besoin d'émotion qui se retrouve chez tous les individus, ces bonnes dévotes dressaient un bilan exact de la situation de la ville, avec une sagacité digne du conseil des Dix, et faisaient la police armées de cette espèce d'espionnage à coup sûr que créent les passions. Puis, quand elles avaient deviné la raison secrète d'un événement, leur amour-propre les portait à s'approprier la sagesse de leur sanhédrin, pour donner le ton du bavardage dans leurs zones respectives. Cette congrégation oisive et agissante, invisible et voyant tout, muette et parlant sans cesse, possédait alors une influence que sa nullité rendait en apparence peu nuisible, mais qui cependant devenait terrible quand elle était animée par un intérêt majeur. Or, il y avait bien longtemps qu'il ne s'était présenté dans la sphère de leurs existences un événement aussi grave et aussi généralement important pour chacune d'elles que l'était la lutte de Birotteau, soutenu par madame de Listomère, contre l'abbé Troubert et mademoiselle Gamard.

En effet, les trois salons de mesdames de Listomère, Merlin de La Blottière et de Villenoix étant considérés comme ennemis par ceux où allait mademoiselle Gamard, il y avait au fond de cette querelle l'esprit de corps et toutes ses vanités. C'était le combat du peuple et du sénat romain dans une taupinière, ou une tempête dans un verre d'eau, comme l'a dit Montesquieu en parlant de la république de Saint-Marin dont les charges publiques ne duraient qu'un jour, tant la tyrannie y était facile à saisir[1]. Mais cette tempête développait néanmoins dans les âmes autant de passions qu'il en aurait fallu pour diriger les plus grands intérêts sociaux. N'est-ce pas une erreur de croire que le temps ne soit rapide que pour les cœurs en proie aux vastes projets qui troublent la vie et la font bouillonner? Les heures de l'abbé Troubert coulaient aussi animées, s'enfuyaient chargées de pensées tout aussi soucieuses, étaient ridées par des désespoirs et des espérances aussi profondes que pouvaient l'être les heures cruelles de l'ambitieux, du joueur et de l'amant. Dieu seul est dans le secret de l'énergie que nous coûtent les triomphes occultement remportés sur les hommes, sur les choses et sur nous-mêmes. Si nous ne savons pas toujours où nous allons, nous connaissons bien les fatigues du voyage. Seulement, s'il est permis à l'historien de quitter le drame qu'il raconte pour prendre pendant un moment le rôle des critiques, s'il vous convie à jeter un coup d'œil sur les existences de ces vieilles filles et des deux abbés, afin d'y chercher la cause du malheur qui les viciait dans leur essence; il vous sera peut-être démontré qu'il est nécessaire à l'homme d'éprouver certaines passions pour développer en lui des qualités qui donnent à sa vie de la noblesse, en étendent le cercle, et assoupissent l'égoïsme naturel à toutes les créatures.

Madame de Listomère revint en ville sans savoir que, depuis cinq ou six jours, plusieurs de ses amis étaient obligés de réfuter une opinion, accréditée sur elle, dont elle aurait ri si elle l'eût connue, et qui supposait à son affection pour son neveu des causes presque criminelles. Elle mena l'abbé Birotteau chez son avocat, à qui le procès ne parut pas chose facile. Les amis du vicaire, animés par le sentiment que donne la justice d'une bonne cause, ou paresseux pour un procès qui ne leur était pas personnel, avaient

---

[1] The little state of San Marino, about 12 miles inland from Rimini, is still an independent republic; at the head of its government are two *Capitani Reggenti*, who hold office for six months. I can find no reference to the republic in Montesquieu.

remis le commencement de l'instance au jour où ils reviendraient à Tours. Les amis de mademoiselle Gamard purent donc prendre les devants, et surent raconter l'affaire peu favorablement pour l'abbé Birotteau.

Donc l'homme de loi, dont la clientèle se composait exclusivement des gens pieux de la ville, étonna beaucoup madame de Listomère en lui conseillant de ne pas s'embarquer dans un semblable procès, et il termina la conférence en disant : que, d'ailleurs, il ne s'en chargerait pas, parce que, aux termes de l'acte, mademoiselle Gamard avait raison en Droit ; qu'en Équité, c'est-à-dire en dehors de la justice, l'abbé Birotteau paraîtrait, aux yeux du tribunal et à ceux des honnêtes gens, manquer au caractère de paix, de conciliation et à la mansuétude qu'on lui avait supposés jusqu'alors ; que mademoiselle Gamard, connue pour une personne douce et facile à vivre, avait obligé Birotteau en lui prêtant l'argent nécessaire pour payer les droits successifs auxquels avait donné lieu le testament de Chapeloud, sans lui en demander de reçu ; que Birotteau n'était pas d'âge et de caractère à signer un acte sans savoir ce qu'il contenait, ni sans en connaître l'importance ; et que s'il avait quitté mademoiselle Gamard après deux ans d'habitation, quand son ami Chapeloud était resté chez elle pendant douze ans, et Troubert pendant quinze, ce ne pouvait être qu'en vue d'un projet à lui connu ; que le procès serait donc jugé comme un acte d'ingratitude, etc.

Après avoir laissé Birotteau marcher en avant vers l'escalier, l'avoué prit madame de Listomère à part, en la reconduisant, et l'engagea, au nom de son repos, à ne pas se mêler de cette affaire.

Cependant, le soir, le pauvre vicaire, qui se tourmentait autant qu'un condamné à mort dans le cabanon de Bicêtre[1] quand il y attend le résultat de son pourvoi en cassation[2], ne put s'empêcher d'apprendre à ses amis le résultat de sa visite, au moment où, avant l'heure de faire les parties, le

---

[1] This Paris asylum for old men and lunatics contained a prison down to 1835. Towards the close of the thirteenth century it was the residence of a Bishop of Winchester, whence the name. [2] Appeal.

cercle se formait devant la cheminée de madame de Listomère.

— Excepté l'avoué des Libéraux, je ne connais, à Tours, aucun homme de chicane qui voulût se charger de ce procès sans avoir l'intention de le faire perdre, s'écria monsieur de Bourbonne, et je ne vous conseille pas de vous y embarquer.

— Hé! bien, c'est une infamie, dit le lieutenant de vaisseau. Moi, je conduirai l'abbé chez cet avoué.

— Allez-y lorsqu'il fera nuit, dit monsieur de Bourbonne en l'interrompant.

— Et pourquoi?

— Je viens d'apprendre que l'abbé Troubert est nommé vicaire-général, à la place de celui qui est mort avant-hier.

— Je me moque bien de l'abbé Troubert.

Malheureusement, le baron de Listomère, homme de trente-six ans, ne vit pas le signe que lui fit monsieur de Bourbonne, pour lui recommander de peser ses paroles, en lui montrant un conseiller de préfecture, ami de Troubert. Le lieutenant de vaisseau ajouta donc: — Si monsieur l'abbé Troubert est un fripon...

— Oh! dit monsieur de Bourbonne en l'interrompant, pourquoi mettre l'abbé Troubert dans une affaire à laquelle il est complètement étranger?...

— Mais, reprit le baron, ne jouit-il pas des meubles de l'abbé Birotteau? Je me souviens d'être allé chez Chapeloud, et d'y avoir vu deux tableaux de prix. Supposez qu'ils valent dix mille francs?...Croyez-vous que monsieur Birotteau ait eu l'intention de donner, pour deux ans d'habitation chez cette Gamard, dix mille francs, quand déjà la bibliothèque et les meubles valent à peu près cette somme?

L'abbé Birotteau ouvrit de grands yeux en apprenant qu'il avait possédé un capital si énorme.

Et le baron, poursuivant avec chaleur, ajouta: — Par Dieu! monsieur Salmon, l'ancien expert du Musée de Paris, est venu voir ici sa belle-mère. Je vais y aller ce soir même, avec l'abbé Birotteau, pour le prier d'estimer les tableaux. De là je le mènerai chez l'avoué.

Deux jours après cette conversation, le procès avait pris de la consistance. L'avoué des Libéraux, devenu celui de Birotteau, jetait beaucoup de défaveur sur la cause du vicaire. Les gens opposés au gouvernement, et ceux qui étaient connus pour ne pas aimer les prêtres ou la religion, deux choses que beaucoup de gens confondent, s'emparèrent de cette affaire, et toute la ville en parla. L'ancien expert du Musée avait estimé onze mille francs la Vierge du Valentin et le Christ de Lebrun, morceaux d'une beauté capitale. Quant à la bibliothèque et aux meubles gothiques, le goût dominant qui croissait de jour en jour à Paris pour ces sortes de choses leur donnait momentanément une valeur de douze mille francs. Enfin, l'expert, vérification faite, évalua le mobilier entier à dix mille écus. Or, il était évident que, Birotteau n'ayant pas entendu donner à mademoiselle Gamard cette somme énorme pour le peu d'argent qu'il pouvait lui devoir en vertu de la soulte stipulée, il y avait, judiciairement parlant, lieu à réformer leurs conventions; autrement la vieille fille eût été coupable d'un dol volontaire. L'avoué des Libéraux entama donc l'affaire en lançant un exploit introductif d'instance[1] à mademoiselle Gamard. Quoique très acerbe, cette pièce, fortifiée par des citations d'arrêts souverains et corroborée par quelques articles du Code, n'en était pas moins un chef-d'œuvre de logique judiciaire, et condamnait si évidemment la vieille fille que trente ou quarante copies en furent méchamment distribuées dans la ville par l'Opposition.

Quelques jours après le commencement des hostilités entre la vieille fille et Birotteau, le baron de Listomère, qui espérait être compris, en qualité de capitaine de corvette, dans la première promotion, annoncée depuis quelque temps au Ministère de la Marine, reçut une lettre par laquelle l'un de ses amis lui annonçait qu'il était question dans les bureaux de le mettre hors du cadre d'activité. Étrangement surpris de cette nouvelle, il partit immédiatement pour Paris, et vint à la première soirée du ministre,

[1] A preliminary writ.

qui en parut fort étonné lui-même, et se prit à rire en apprenant les craintes dont lui fit part le baron de Listomère. Le lendemain, nonobstant la parole du ministre, le baron consulta les bureaux. Par une indiscrétion que certains chefs commettent assez ordinairement pour leurs amis, un secrétaire lui montra un travail tout préparé, mais que la maladie d'un directeur avait empêché jusqu'alors d'être soumis au ministre, et qui confirmait la fatale nouvelle. Aussitôt, le baron de Listomère alla chez un de ses oncles, lequel, en sa qualité de député, pouvait voir immédiatement le ministre à la Chambre, et il le pria de sonder les dispositions de Son Excellence, car il s'agissait pour lui de la perte de son avenir. Aussi attendit-il avec la plus vive anxiété, dans la voiture de son oncle, la fin de la séance. Le député sortit bien avant la clôture, et dit à son neveu pendant le chemin qu'il fit en se rendant à son hôtel:
— Comment, diable! vas-tu te mêler de faire la guerre aux prêtres? Le ministre a commencé par m'apprendre que tu t'étais mis à la tête des Libéraux à Tours! Tu as des opinions détestables, tu ne suis pas la ligne du gouvernement, etc. Ses phrases étaient aussi entortillées que s'il parlait encore à la Chambre. Alors je lui ai dit: — Ah! çà, entendons-nous? Son Excellence a fini par m'avouer que tu étais mal avec la Grande-Aumônerie. Bref, en demandant quelques renseignements à mes collègues, j'ai su que tu parlais fort légèrement d'un certain abbé Troubert, simple vicaire-général, mais le personnage le plus important de la province où il représente la Congrégation. J'ai répondu de toi corps pour corps au ministre. Monsieur mon neveu, si tu veux faire ton chemin, ne te crée aucune inimitié sacerdotale. Va vite à Tours, fais-y ta paix avec ce diable de vicaire-général. Apprends que les vicaires-généraux sont des hommes avec lesquels il faut toujours vivre en paix[1]. Morbleu! lorsque nous travaillons tous à rétablir la religion, il est stupide à un lieutenant de

---

[1] Remember that the period is 1826, when Charles X and his ministers had introduced the reactionary measures which led to his downfall four years later.

vaisseau, qui veut être capitaine, de déconsidérer les prêtres. Si tu ne te raccommodes pas avec l'abbé Troubert, ne
compte plus sur moi: je te renierai. Le ministre des
Affaires Ecclésiastiques m'a parlé tout à l'heure de cet
homme comme d'un futur évêque. Si Troubert prenait
notre famille en haine, il pourrait m'empêcher d'être compris dans la prochaine fournée de pairs. Comprends-tu?

Ces paroles expliquèrent au lieutenant de vaisseau les
secrètes occupations de Troubert, de qui Birotteau disait
niaisement: — Je ne sais pas à quoi lui sert de passer les
nuits.

La position du chanoine au milieu du sénat femelle qui
faisait si subtilement la police de la province et sa capacité
personnelle l'avaient fait choisir par la Congrégation, entre
tous les ecclésiastiques de la ville, pour être le proconsul
inconnu de la Touraine. Archevêque, général, préfet,
grands et petits étaient sous son occulte domination. Le
baron de Listomère eut bientôt pris son parti.

— Je ne veux pas, dit-il à son oncle, recevoir une seconde
bordée ecclésiastique dans mes *œuvres-vives*[1].

Trois jours après cette conférence diplomatique entre
l'oncle et le neveu, le marin, subitement revenu par la
malle-poste à Tours, révélait à sa tante, le soir même de
son arrivée, les dangers que couraient les plus chères
espérances de la famille de Listomère, s'ils s'obstinaient
l'un et l'autre à soutenir *cet imbécile de Birotteau*. Le baron
avait retenu monsieur de Bourbonne au moment où le
vieux gentilhomme prenait sa canne et son chapeau pour
s'en aller après la partie de wisth. Les lumières du vieux
malin étaient indispensables pour éclairer les écueils dans
lesquels se trouvaient engagés les Listomère, et le vieux
malin n'avait prématurément cherché sa canne et son
chapeau que pour se faire dire à l'oreille: — Restez, nous
avons à causer.

Le prompt retour du baron, son air de contentement,
en désaccord avec la gravité en certains moments sur sa
figure, avaient accusé vaguement à monsieur de Bour-

[1] Below the water-line.

bonne quelques échecs reçus par le lieutenant dans sa croisière contre Gamard et Troubert. Il ne marqua point de surprise en entendant le baron proclamer le secret pouvoir du vicaire-général congréganiste.

— Je le savais, dit-il.

— Hé! bien, s'écria la baronne, pourquoi ne pas nous avoir avertis?

— Madame, répondit-il vivement, oubliez que j'ai deviné l'invisible influence de ce prêtre, et j'oublierai que vous la connaissez également. Si nous ne nous gardions pas le secret, nous passerions pour ses complices: nous serions redoutés et haïs. Imitez moi: feignez d'être une dupe; mais sachez bien où vous mettez les pieds. Je vous en avais assez dit, vous ne me compreniez point, et je ne voulais pas me compromettre.

— Comment devons-nous maintenant nous y prendre? dit le baron.

Abandonner Birotteau n'était pas une question, et ce fut une première condition sous-entendue par les trois conseillers.

— Battre en retraite avec les honneurs de la guerre a toujours été le chef-d'œuvre des plus habiles généraux, répondit monsieur de Bourbonne. Pliez devant Troubert: si sa haine est moins forte que sa vanité, vous vous en ferez un allié; mais si vous pliez trop, il vous marchera sur le ventre; car

Abîme tout plutôt, c'est l'esprit de l'Église,

a dit Boileau. Faites croire que vous quittez le service, vous lui échappez, monsieur le baron. Renvoyez le vicaire, madame, vous donnerez gain de cause à la Gamard. Demandez chez l'archevêque à l'abbé Troubert s'il sait le wisth, il vous dira *oui*. Priez-le de venir faire une partie dans ce salon, où il veut être reçu; certes, il y viendra. Vous êtes femme, sachez mettre ce prêtre dans vos intérêts. Quand le baron sera capitaine de vaisseau, son oncle pair de France, Troubert évêque, vous pourrez faire Birotteau chanoine tout à votre aise. Jusque-là pliez; mais pliez avec grâce et en menaçant. Votre famille peut prêter à Troubert autant d'appui qu'il vous en donnera ; vous vous entendrez à merveille. D'ailleurs marchez la sonde en main, marin !

— Ce pauvre Birotteau ! dit la baronne.

— Oh ! entamez-le promptement, répliqua le propriétaire en s'en allant. Si quelque libéral adroit s'emparait de cette tête vide, il vous causerait des chagrins. Après tout, les tribunaux prononceraient en sa faveur, et Troubert doit avoir peur du jugement. Il peut encore vous pardonner d'avoir entamé le combat ; mais, après une défaite, il serait implacable. J'ai dit.

Il fit claquer sa tabatière, alla mettre ses doubles souliers, et partit.

Le lendemain matin, après le déjeuner, la baronne resta seule avec le vicaire, et lui dit, non sans un visible embarras : — Mon cher monsieur Birotteau, vous allez trouver mes demandes bien injustes et bien inconséquentes ; mais il faut, pour vous et pour nous, d'abord éteindre votre procès contre mademoiselle Gamard en vous désistant de vos prétentions, puis quitter ma maison. En entendant ces mots le pauvre prêtre pâlit. — Je suis, reprit-elle, la cause innocente de vos malheurs, et sais que sans mon neveu vous n'eussiez pas intenté le procès qui maintenant fait votre chagrin et le nôtre. Mais écoutez.

Elle lui déroula succinctement l'immense étendue de cette affaire et lui expliqua la gravité de ses suites. Ses méditations lui avaient fait deviner pendant la nuit les antécédents probables de la vie de Troubert : elle put alors, sans se tromper, démontrer à Birotteau la trame dans laquelle l'avait enveloppé cette vengeance si habilement ourdie, lui révéler la haute capacité, le pouvoir de son ennemi en lui en dévoilant la haine, en lui en apprenant les causes, en le lui montrant couché durant douze années devant Chapeloud, et dévorant Chapeloud, et persécutant encore Chapeloud dans son ami. L'innocent Birotteau joignit ses mains comme pour prier et pleura de chagrin à l'aspect d'horreurs humaines que son âme pure n'avait jamais soupçonnées. Aussi effrayé que s'il se fût trouvé sur le bord d'un abîme, il écoutait, les yeux fixes et humides, mais sans exprimer aucune idée, le discours de sa bienfaitrice, qui lui dit en terminant : — Je sais tout ce qu'il y a de mal à vous abandonner ; mais, mon cher abbé, les devoirs de famille passent avant ceux de l'amitié. Cédez, comme je le fais, à cet orage, je vous en prouverai toute ma reconnaissance. Je ne vous parle pas de vos intérêts, je m'en charge. Vous serez hors de toute inquiétude pour votre existence. Par l'entremise de Bourbonne, qui saura sauver les apparences, je ferai en sorte que rien ne vous manque. Mon ami, donnez-moi le droit de vous trahir. Je resterai votre amie, tout en me conformant aux maximes du monde. Décidez.

Le pauvre abbé stupéfait s'écria : — Chapeloud avait donc raison en disant que, si Troubert pouvait venir le tirer par les pieds dans la tombe, il le ferait ! Il couche dans le lit de Chapeloud.

— Il ne s'agit pas de se lamenter, dit madame de Listomère, nous avons peu de temps à nous. Voyons !

Birotteau avait trop de bonté pour ne pas obéir, dans les grandes crises, au dévouement irréfléchi du premier moment. Mais d'ailleurs sa vie n'était déjà plus qu'une agonie. Il dit, en jetant à sa protectrice un regard désespérant qui la navra : — Je me confie à vous. Je ne suis plus qu'un *bourrier* de la rue !

Ce mot tourangeau n'a pas d'autre équivalent possible que le mot brin de paille. Mais il y a de jolis petits brins de paille, jaunes, polis, rayonnants, qui font le bonheur des enfants ; tandis que le bourrier est le brin de paille décoloré, boueux, roulé dans les ruisseaux, chassé par la tempête, tordu par les pieds du passant.

— Mais, madame, je ne voudrais pas laisser à l'abbé Troubert le portrait de Chapeloud ; il a été fait pour moi, il m'appartient, obtenez qu'il me soit rendu, j'abandonnerai tout le reste.

— Hé ! bien, dit madame de Listomère, j'irai chez mademoiselle Gamard. Ces mots furent dits d'un ton qui révéla l'effort extraordinaire que faisait la baronne de

Listomère en s'abaissant à flatter l'orgueil de la vieille fille. — Et, ajouta-t-elle, je tâcherai de tout arranger. A peine osé-je l'espérer. Allez voir monsieur de Bourbonne, qu'il minute votre désistement en bonne forme, apportez-m'en l'acte bien en règle; puis, avec le secours de monseigneur l'archevêque, peut-être pourrons-nous en finir.

Birotteau sortit épouvanté. Troubert avait pris à ses yeux les dimensions d'une pyramide d'Égypte. Les mains de cet homme étaient à Paris et ses coudes dans le cloître Saint-Gatien.

— Lui, se dit-il, empêcher monsieur le marquis de Listomère de devenir pair de France?...*Et peut-être, avec le secours de monseigneur l'archevêque, pourra-t-on en finir!*

En présence de si grands intérêts, Birotteau se trouvait comme un ciron: il se faisait justice.

La nouvelle du déménagement de Birotteau fut d'autant plus étonnante que la cause en était impénétrable. Madame de Listomère disait que, son neveu voulant se marier et quitter le service, elle avait besoin, pour agrandir son appartement, de celui du vicaire. Personne ne connaissait encore le désistement de Birotteau. Ainsi les instructions de monsieur de Bourbonne étaient sagement exécutées. Ces deux nouvelles, en parvenant aux oreilles du grand-vicaire, devaient flatter son amour-propre en lui apprenant que, si elle ne capitulait pas, la famille de Listomère restait au moins neutre, et reconnaissait tacitement le pouvoir occulte de la Congrégation: le reconnaître, n'était-ce pas s'y soumettre? Mais le procès demeurait tout entier *sub judice*. N'était-ce pas à la fois plier et menacer?

Les Listomère avaient donc pris dans cette lutte une attitude exactement semblable à celle du grand-vicaire: ils se tenaient en dehors et pouvaient tout diriger. Mais un événement grave survint et rendit encore plus difficile la réussite des desseins médités par monsieur de Bourbonne et par les Listomère pour apaiser le parti Gamard et Troubert. La veille, mademoiselle Gamard avait pris du froid en sortant de la cathédrale, s'était mise au lit et passait pour être dangereusement malade. Toute la ville retentissait de plaintes excitées par une fausse commisération. "La sensibilité de mademoiselle Gamard n'avait pu résister au scandale de ce procès. Malgré son bon droit, elle allait mourir de chagrin. Birotteau tuait sa bienfaitrice..." Telle était la substance des phrases jetées en avant par les tuyaux capillaires[1] du grand conciliabule femelle, et complaisamment répétées par la ville de Tours.

Madame de Listomère eut la honte d'être venue chez la vieille fille sans recueillir le fruit de sa visite. Elle demanda fort poliment à parler à monsieur le vicaire-général. Flatté peut-être de recevoir dans la bibliothèque de Chapeloud, et au coin de cette cheminée ornée des deux fameux tableaux contestés, une femme par laquelle il avait été méconnu, Troubert fit attendre la baronne un moment; puis il consentit à lui donner audience. Jamais courtisan ni diplomate ne mirent dans la discussion de leurs intérêts particuliers, ou dans la conduite d'une négociation nationale, plus d'habileté, de dissimulation, de profondeur que n'en déployèrent la baronne et l'abbé dans le moment où ils se trouvèrent tous les deux en scène.

Semblable au parrain qui, dans le moyen âge, armait le champion et en fortifiait la valeur par d'utiles conseils, au moment où il entrait en lice, le vieux malin avait dit à la baronne: — N'oubliez pas votre rôle, vous êtes conciliatrice et non partie intéressée. Troubert est également un médiateur. Pesez vos mots! étudiez les inflexions de la voix du vicaire-général. S'il se caresse le menton, vous l'aurez séduit.

Quelques dessinateurs se sont amusés à représenter en caricature le contraste fréquent qui existe entre *ce que l'on dit* et *ce que l'on pense*. Ici, pour bien saisir l'intérêt du duel de paroles qui eut lieu entre le prêtre et la grande dame, il est nécessaire de dévoiler les pensées qu'ils cachèrent mutuellement sous des phrases en apparence insignifiantes. Madame de Listomère commença par témoigner le chagrin que lui causait le procès de Birotteau, puis elle

[1] Tittle-tattle (lit. "slender tubes").

parla du désir qu'elle avait de voir terminer cette affaire à la satisfaction des deux parties.

— Le mal est fait, madame, dit l'abbé d'une voix grave, la vertueuse mademoiselle Gamard se meurt. (*Je ne m'intéresse pas plus à cette sotte de fille qu'au Prêtre-Jean*, pensait-il; *mais je voudrais bien vous mettre sa mort sur le dos, et vous en inquiéter la conscience, si vous êtes assez niais pour en prendre du souci.*)

— En apprenant sa maladie, monsieur, lui répondit la baronne, j'ai exigé de monsieur le vicaire un désistement que j'apportais à cette sainte fille. (*Je te devine, rusé coquin!* pensait-elle; *mais nous voilà mis à l'abri de tes calomnies. Quant à toi, si tu prends le désistement, tu t'enferreras, tu avoueras ainsi ta complicité.*)

Il se fit un moment de silence.

— Les affaires temporelles de mademoiselle Gamard ne me concernent pas, dit enfin le prêtre en abaissant ses larges paupières sur ses yeux d'aigle pour voiler ses émotions. (*Oh! oh! vous ne me compromettrez pas! Mais Dieu soit loué! les damnés avocats ne plaideront pas une affaire qui pouvait me salir. Que veulent donc les Listomère, pour se faire ainsi mes serviteurs?*)

— Monsieur, répondit la baronne, les affaires de monsieur Birotteau me sont aussi étrangères que vous le sont les intérêts de mademoiselle Gamard; mais malheureusement la religion peut souffrir de leurs débats, et je ne vois en vous qu'un médiateur, là où moi-même j'agis en conciliatrice... (*Nous ne nous abuserons ni l'un ni l'autre, monsieur Troubert*, pensait-elle. *Sentez-vous le tour épigrammatique de cette réponse?*)

— La religion souffrir, madame! dit le grand-vicaire. La religion est trop haut située pour que les hommes puissent y porter atteinte. (*La religion, c'est moi*, pensait-il.) — Dieu nous jugera sans erreur, madame, ajouta-t-il, je ne reconnais que son tribunal.

— Hé! bien, monsieur, répondit-elle, tâchons d'accorder les jugements des hommes avec les jugements de Dieu. (*Oui, la religion, c'est toi.*)

L'abbé Troubert changea de ton: — Monsieur votre neveu n'est-il pas allé à Paris? (*Vous avez eu là de mes nouvelles*, pensait-il. *Je puis vous écraser, vous qui m'avez méprisé. Vous venez capituler.*)

— Oui, monsieur, je vous remercie de l'intérêt que vous prenez à lui. Il retourne ce soir à Paris, il est mandé par le ministre, qui est parfait pour nous, et voudrait ne pas lui voir quitter le service. (*Jésuite, tu ne nous écraseras pas*, pensait-elle, *et ta plaisanterie est comprise.*) Un moment de silence. — Je ne trouve pas sa conduite convenable dans cette affaire, reprit-elle, mais il faut pardonner à un marin de ne pas se connaître en Droit. (*Faisons alliance*, pensait-elle. *Nous ne gagnerons rien à guerroyer.*)

Un léger sourire de l'abbé se perdit dans les plis de son visage: — Il nous aura rendu le service de nous apprendre la valeur de ces deux peintures, dit-il en regardant les tableaux; elles seront un bel ornement pour la chapelle de la Vierge. (*Vous m'avez lancé une épigramme*, pensait-il, *en voici deux, nous sommes quittes, madame.*)

— Si vous les donniez à Saint-Gatien, je vous demanderais de me laisser offrir à l'église des cadres dignes du lieu et de l'œuvre. (*Je voudrais bien te faire avouer que tu convoitais les meubles de Birotteau*, pensait-elle.)

— Elles ne m'appartiennent pas, dit le prêtre en se tenant toujours sur ses gardes.

— Mais voici, dit madame de Listomère, un acte qui éteint toute discussion, et les rend à mademoiselle Gamard. Elle posa le désistement sur la table. (*Voyez, monsieur*, pensait-elle, *combien j'ai de confiance en vous.*) — Il est digne de vous, monsieur, ajouta-t-elle, digne de votre beau caractère, de réconcilier deux chrétiens; quoique je prenne maintenant peu d'intérêt à monsieur Birotteau...

— Mais il est votre pensionnaire, dit-il en l'interrompant.

— Non, monsieur, il n'est plus chez moi. (*La pairie de mon beau-frère et le grade de mon neveu me font faire bien des lâchetés*, pensait-elle.)

L'abbé demeura impassible, mais son attitude calme

était l'indice des émotions les plus violentes. Monsieur de Bourbonne avait seul deviné le secret de cette paix apparente. Le prêtre triomphait!

— Pourquoi vous êtes-vous donc chargée de son désistement? demanda-t-il excité par un sentiment analogue à celui qui pousse une femme à se faire répéter des compliments.

— Je n'ai pu me défendre d'un mouvement de compassion. Birotteau, dont le caractère faible doit vous être connu, m'a suppliée de voir mademoiselle Gamard, afin d'obtenir pour prix de sa renonciation à...

L'abbé fronça ses sourcils.

— ...A des *droits* reconnus par des avocats distingués, le portrait...

Le prêtre regarda madame de Listomère.

— ...Le portrait de Chapeloud, dit-elle en continuant. Je vous laisse le juge de sa prétention... (*Tu serais condamné, si tu voulais plaider*, pensait-elle.)

L'accent que prit la baronne pour prononcer les mots *avocats distingués* fit voir au prêtre qu'elle connaissait le fort et le faible de l'ennemi. Madame de Listomère montra tant de talent à ce connaisseur émérite dans le cours de cette conversation qui se maintint longtemps sur ce ton, que l'abbé descendit chez mademoiselle Gamard pour aller chercher sa réponse à la transaction proposée.

Il revint bientôt.

— Madame, voici les paroles de la pauvre mourante: "*Monsieur l'abbé Chapeloud m'a témoigné trop d'amitié*, m'a-t-elle dit, *pour que je me sépare de son portrait*." Quant à moi, reprit-il, s'il m'appartenait, je ne le céderais à personne. J'ai porté des sentiments trop constants au cher défunt pour ne pas me croire le droit de disputer son image à tout le monde.

— Monsieur, ne *nous brouillons* pas pour une mauvaise peinture. (*Je m'en moque autant que vous vous en moquez vous-même*, pensait-elle.) — Gardez-la, nous en ferons faire une copie. Je m'applaudis d'avoir assoupi ce triste et déplorable procès, et j'y aurai personnellement gagné le plaisir de vous connaître. J'ai entendu parler de votre talent au wisth. Vous pardonnerez à une femme d'être curieuse, dit-elle en souriant. Si vous vouliez venir jouer quelquefois chez moi, vous ne pouvez pas douter de l'accueil que vous y recevrez.

Troubert se caressa le menton.

(*Il est pris! Bourbonne avait raison*, pensait-elle, *il a sa dose de vanité.*)

En effet, le grand-vicaire éprouvait en ce moment la sensation délicieuse contre laquelle Mirabeau ne savait pas se défendre, quand, aux jours de sa puissance, il voyait ouvrir devant sa voiture la porte cochère d'un hôtel autrefois fermé pour lui.

— Madame, répondit-il, j'ai de trop grandes occupations pour aller dans le monde; mais pour vous, que ne ferait-on pas? (*La vieille fille va crever, j'entamerai les Listomère, et les servirai s'ils me servent!* pensait-il. *Il vaut mieux les avoir pour amis que pour ennemis.*)

Madame de Listomère retourna chez elle, espérant que l'archevêque consommerait une œuvre de paix si heureusement commencée. Mais Birotteau ne devait pas même profiter de son désistement. Madame de Listomère apprit le lendemain la mort de mademoiselle Gamard. Le testament de la vieille fille ouvert, personne ne fut surpris en apprenant qu'elle avait fait l'abbé Troubert son légataire universel. Sa fortune fut estimée à cent mille écus. Le vicaire-général envoya deux billets d'invitation pour le service et le convoi de son amie chez madame de Listomère: l'un pour elle, l'autre pour son neveu.

— Il faut y aller, dit-elle.

— Ça ne veut pas dire autre chose, s'écria monsieur de Bourbonne. C'est une épreuve par laquelle monseigneur Troubert veut vous juger. Baron, allez jusqu'au cimetière, ajouta-t-il en se tournant vers le lieutenant de vaisseau qui, pour son malheur, n'avait pas quitté Tours.

Le service eut lieu, et fut d'une grande magnificence ecclésiastique. Une seule personne y pleura. Ce fut Birotteau, qui, seul dans une chapelle écartée, et sans être vu, se crut coupable de cette mort, et pria sincèrement pour l'âme de la défunte, en déplorant avec amertume de n'avoir pas obtenu d'elle le pardon de ses torts.

L'abbé Troubert accompagna le corps de son amie jusqu'à la fosse où elle devait être enterrée. Arrivé sur le bord, il prononça un discours où, grâce à son talent, le tableau de la vie étroite menée par la testatrice prit des proportions monumentales. Les assistants remarquèrent ces paroles dans la péroraison :

Cette vie pleine de jours acquis à Dieu et à sa religion, cette vie que décorent tant de belles actions faites dans le silence, tant de vertus modestes et ignorées, fut brisée par une douleur que nous appellerions imméritée, si, au bord de l'éternité, nous pouvions oublier que toutes nos afflictions nous sont envoyées par Dieu. Les nombreux amis de cette sainte fille, connaissant la noblesse et la candeur de son âme, prévoyaient qu'elle pouvait tout supporter, hormis des soupçons qui flétrissaient sa vie entière. Aussi, peut-être la Providence l'a-t-elle amenée au sein de Dieu, pour l'enlever à nos misères. Heureux ceux qui peuvent reposer, ici-bas, en paix avec eux-mêmes, comme Sophie repose maintenant au séjour des bienheureux dans sa robe d'innocence !

— Quand il eut achevé ce pompeux discours, reprit monsieur de Bourbonne qui raconta les circonstances de l'enterrement à madame de Listomère au moment où, les parties finies et les portes fermées, ils furent seuls avec le baron, figurez-vous, si cela est possible, ce Louis XI en soutane, donnant ainsi le dernier coup de goupillon chargé d'eau bénite.

Monsieur de Bourbonne prit la pincette, et imita si bien le geste de l'abbé Troubert, que le baron et sa tante ne purent s'empêcher de sourire.

— Là seulement, reprit le vieux propriétaire, il s'est démenti. Jusqu'alors, sa contenance avait été parfaite ; mais il lui a sans doute été impossible, en calfeutrant pour toujours cette vieille fille qu'il méprisait souverainement et haïssait peut-être autant qu'il a détesté Chapeloud, de ne pas laisser percer sa joie dans un geste.

Le lendemain matin, mademoiselle Salomon vint déjeuner chez madame de Listomère, et, en arrivant, lui dit tout émue: — Notre pauvre abbé Birotteau a reçu tout à l'heure un coup affreux, qui annonce les calculs les plus étudiés de la haine. Il est nommé curé de Saint-Symphorien.

Saint-Symphorien est un faubourg de Tours, situé au delà du pont. Ce pont, un des plus beaux monuments de l'architecture française, a dix-neuf cents pieds de long, et les deux places qui le terminent à chaque bout sont absolument pareilles[1].

— Comprenez-vous? reprit-elle après une pause et tout étonnée de la froideur que marquait madame de Listomère en apprenant cette nouvelle. L'abbé Birotteau sera là comme à cent lieues de Tours, de ses amis, de tout. N'est-ce pas un exil d'autant plus affreux qu'il est arraché à une ville que ses yeux verront tous les jours et où il ne pourra plus guère venir? Lui qui, depuis ses malheurs, peut à peine marcher, serait obligé de faire une lieue pour nous voir. En ce moment, le malheureux est au lit, il a la fièvre. Le presbytère de Saint-Symphorien est froid, humide, et la paroisse n'est pas assez riche pour le réparer. Le pauvre vieillard va donc se trouver enterré dans un véritable sépulcre. Quelle atroce combinaison!

Maintenant il nous suffira peut-être, pour achever cette histoire, de rapporter simplement quelques événements, et d'esquisser un dernier tableau.

Cinq mois après, le vicaire-général fut nommé évêque. Madame de Listomère était morte, et laissait quinze cents francs de rente par testament à l'abbé Birotteau. Le jour où le testament de la baronne fut connu, monseigneur Hyacinthe, évêque de Troyes, était sur le point de quitter la ville de Tours pour aller résider dans son diocèse; mais il retarda son départ. Furieux d'avoir été joué par une femme à laquelle il avait donné la main tandis qu'elle tendait secrètement la sienne à un homme qu'il regardait

---

[1] The bridge (Pont de Pierre) was constructed 1765–1777. Its southern end now terminates in two little squares, in one of which is a statue of Descartes, in the other a statue of Rabelais. Balzac himself is in the Place du Palais de Justice at the other end of the Rue Nationale (formerly Rue Royale), which leads in a straight line to the bridge.

comme son ennemi, Troubert menaça de nouveau l'avenir du baron et la pairie du marquis de Listomère. Il dit en pleine assemblée, dans le salon de l'archevêque, un de ces mots ecclésiastiques, gros de vengeance et pleins de mielleuse mansuétude. L'ambitieux marin vint voir ce prêtre implacable qui lui dicta sans doute de dures conditions; car la conduite du baron attesta le plus entier dévouement aux volontés du terrible congréganiste. Le nouvel évêque rendit, par un acte authentique, la maison de mademoiselle Gamard au Chapitre de la cathédrale, il donna la bibliothèque et les livres de Chapeloud au petit séminaire, il dédia les deux tableaux contestés à la chapelle de la Vierge; mais il garda le portrait de Chapeloud. Personne ne s'expliqua cet abandon presque total de la succession de mademoiselle Gamard. Monsieur de Bourbonne supposa que l'évêque en conservait secrètement la partie liquide, afin d'être à même de tenir avec honneur son rang à Paris, s'il était porté au banc des Évêques dans la chambre haute. Enfin, la veille du départ de monseigneur Troubert, le *vieux malin* finit par deviner le dernier calcul que cachât cette action, coup de grâce donné par la plus persistante de toutes les vengeances à la plus faible de toutes les victimes. Le legs de madame de Listomère à Birotteau fut attaqué par le baron de Listomère sous prétexte de captation! Quelques jours après l'exploit introductif d'instance, le baron fut nommé capitaine de vaisseau. Par une mesure disciplinaire, le curé de Saint-Symphorien était interdit. Les supérieurs ecclésiastiques jugeaient le procès par avance. L'assassin de feu Sophie Gamard était donc un fripon! Si monseigneur Troubert avait conservé la succession de la vieille fille, il eût été difficile de faire censurer Birotteau.

Au moment où monseigneur Hyacinthe, évêque de Troyes, venait en chaise de poste, le long du quai Saint-Symphorien, pour se rendre à Paris, le pauvre abbé Birotteau avait été mis dans un fauteuil au soleil, au-dessus d'une terrasse. Ce curé frappé par l'archevêque était pâle et maigre. Le chagrin, empreint dans tous ses traits, dé-

composait entièrement ce visage qui jadis était si doucement gai. La maladie jetait sur ses yeux, naïvement
animés autrefois par les plaisirs de la bonne chère et dénués
d'idées pesantes, un voile qui simulait une pensée. Ce
n'était plus que le squelette du Birotteau qui roulait, un
an auparavant, si vide mais si content, à travers le Cloître.
L'évêque lui lança un regard de mépris et de pitié; puis, il
consentit à l'oublier, et passa.

Nul doute que Troubert n'eût été en d'autres temps
Hildebrandt ou Alexandre VI. Aujourd'hui l'Église n'est
plus une puissance politique et n'absorbe plus les forces
des gens solitaires. Le célibat offre donc alors ce vice
capital que, faisant converger les qualités de l'homme sur
une seule passion, l'égoïsme, il rend les célibataires ou
nuisibles ou inutiles. Nous vivons à une époque où le
défaut des gouvernements est d'avoir moins fait la Société
pour l'Homme, que l'Homme pour la Société. Il existe un
combat perpétuel entre l'individu contre le système qui
veut l'exploiter et qu'il tâche d'exploiter à son profit;
tandis que jadis l'homme réellement plus libre se montrait
plus généreux pour la chose publique. Le cercle au milieu
duquel s'agitent les hommes s'est insensiblement élargi:
l'âme qui peut en embrasser la synthèse ne sera jamais
qu'une magnifique exception; car, habituellement, en
morale comme en physique, le mouvement perd en intensité ce qu'il gagne en étendue. La Société ne doit pas se
baser sur des exceptions. D'abord, l'homme fut purement
et simplement père, et son cœur battit chaudement, concentré dans le rayon de sa famille. Plus tard, il vécut pour
un clan ou pour une petite république; de là, les grands
dévouements historiques de la Grèce ou de Rome. Puis, il
fut l'homme d'une caste ou d'une religion pour les grandeurs de laquelle il se montra souvent sublime; mais là, le
champ de ses intérêts s'augmenta de toutes les régions in-
tellectuelles. Aujourd'hui, sa vie est attachée à celle d'une
immense patrie; bientôt, sa famille sera, dit-on, le monde
entier. Ce cosmopolitisme moral, espoir de la Rome
chrétienne, ne serait-il pas une sublime erreur? Il est si

naturel de croire à la réalisation d'une noble chimère, à la fraternité des hommes. Mais, hélas! la machine humaine n'a pas de si divines proportions. Les âmes assez vastes pour épouser une sentimentalité réservée aux grands hommes ne seront jamais celles ni des simples citoyens, ni des pères de famille. Certains physiologistes pensent que lorsque le cerveau s'agrandit ainsi, le cœur doit se resserrer. Erreur! L'égoïsme apparent des hommes qui portent une science, une nation, ou des lois dans leur sein, n'est-il pas la plus noble des passions, et en quelque sorte, la maternité des masses: pour enfanter des peuples neufs ou pour produire des idées nouvelles, ne doivent-ils pas unir dans leurs puissantes têtes les mamelles de la femme à la force de Dieu? L'histoire des Innocent III, des Pierre le Grand, et de tous les meneurs de siècle ou de nation prouverait au besoin, dans un ordre très élevé, cette immense pensée que Troubert représentait au fond du cloître Saint-Gatien.

JÉSUS-CHRIST EN FLANDRE

Jésus-Christ en Flandre was first printed in vol. III of *Romans et Contes philosophiques*, 3 vols., 1831. It then ended, as it does here, after "la dernière visite que Jésus ait fait à la terre," while the half-dozen pages with which it concludes in the collected editions of Balzac's works, but which have no connexion with the story, formed a separate *Étude*, with the title of *L'Église*.

A UNE époque assez indéterminée de l'histoire brabançonne les relations entre l'île de Cadzant[1] et les côtes de la Flandre étaient entretenues par une barque destinée au passage des voyageurs. Capitale de l'île, Midelbourg, plus tard si célèbre dans les annales du protestantisme[2], comptait à peine deux ou trois cents feux. La riche Ostende était un havre inconnu, flanqué d'une bourgade chétivement peuplée par quelques pêcheurs, par de pauvres négociants et par des corsaires impunis. Néanmoins le bourg d'Ostende, composé d'une vingtaine de maisons et de trois cents cabanes, chaumines ou taudis construits avec des débris de navires naufragés, jouissait d'un gouverneur, d'une milice, de fourches patibulaires, d'un couvent, d'un bourgmestre, enfin de tous les organes d'une civilisation avancée. Qui régnait alors en Brabant, en Flandre, en Belgique? Sur ce point, la tradition est muette. Avouons-le? cette histoire se ressent étrangement du vague, de l'incertitude, du merveilleux que les orateurs favoris des veillées flamandes se sont amusés maintes fois à répandre dans leurs gloses aussi diverses de poésie que contradictoires par les détails. Dite d'âge en âge, répétée de foyer en foyer par les aïeules, par les conteurs de jour et de nuit, cette chronique a reçu de chaque siècle une teinte différente. Semblable à ces monuments arrangés suivant le

---

[1] The old name for the island of Walcheren.

[2] Middelburg, the last stronghold that remained to the King of Spain in Zeeland, was captured by the Sea-Beggars, after a staunch defence, in February, 1574.

caprice des architectures de chaque époque, mais dont les masses noires et frustes plaisent aux poètes, elle ferait le désespoir des commentateurs, des éplucheurs de mots, de faits et de dates. Le narrateur y croit, comme tous les esprits superstitieux de la Flandre y ont cru, sans en être ni plus doctes ni plus infirmes. Seulement, dans l'impossibilité de mettre en harmonie toutes les versions, voici le fait dépouillé peut-être de sa naïveté romanesque impossible à reproduire, mais avec ses hardiesses que l'histoire désavoue, avec sa moralité que la religion approuve, son fantastique, fleur d'imagination, son sens caché dont peut s'accommoder le sage. A chacun sa pâture et le soin de trier le bon grain de l'ivraie.

La barque qui servait à passer les voyageurs de l'île de Cadzant à Ostende allait quitter le village. Avant de détacher la chaîne de fer qui retenait sa chaloupe à une pierre de la petite jetée où l'on s'embarquait, le patron donna du cor à plusieurs reprises, afin d'appeler les retardataires, car ce voyage était son dernier. La nuit approchait, les derniers feux du soleil couchant permettaient à peine d'apercevoir les côtes de Flandre et de distinguer dans l'île les passagers attardés, errant soit le long des murs en terre dont les champs étaient environnés, soit parmi les hauts joncs des marais. La barque était pleine, un cri s'éleva:

— Qu'attendez-vous? Partons.

En ce moment, un homme apparut à quelques pas de la jetée; le pilote, qui ne l'avait entendu ni venir, ni marcher, fut assez surpris de le voir. Ce voyageur semblait s'être levé de terre tout à coup, comme un paysan qui se serait couché dans un champ en attendant l'heure du départ et que la trompette aurait réveillé. Était-ce un voleur? était-ce quelque homme de douane ou de police? Quand il arriva sur la jetée où la barque était amarrée, sept personnes placées debout à l'arrière de la chaloupe s'empressèrent de s'asseoir sur les bancs, afin de s'y trouver seules et de ne pas laisser l'étranger se mettre avec elles. Ce fut une pensée instinctive et rapide, une de ces pensées d'aris-

tocratie qui viennent au cœur des gens riches. Quatre de
ces personnages appartenaient à la plus haute noblesse des
Flandres. D'abord un jeune cavalier, accompagné de deux
beaux lévriers et portant sur ses cheveux longs une toque
ornée de pierreries, faisait retentir ses éperons dorés et frisait
de temps en temps sa moustache avec impertinence, en
jetant des regards dédaigneux au reste de l'équipage. Une
altière demoiselle tenait un faucon sur son poing, et ne
parlait qu'à sa mère ou à un ecclésiastique du haut rang,
leur parent sans doute. Ces personnes faisaient grand
bruit et conversaient ensemble, comme si elles eussent été
seules dans la barque. Néanmoins, auprès d'elles se
trouvait un homme très important dans le pays, un gros
bourgeois de Bruges, enveloppé dans un grand manteau.
Son domestique, armé jusqu'aux dents, avait mis près de
lui deux sacs pleins d'argent. A côté d'eux se trouvait
encore un homme de science, docteur à l'université de
Louvain, flanqué de son clerc. Ces gens, qui se méprisaient
les uns les autres, étaient séparés de l'avant par le banc
des rameurs.

Lorsque le passager en retard mit le pied dans la barque,
il jeta un regard rapide sur l'arrière, n'y vit pas de place,
et alla en demander une à ceux qui se trouvaient sur l'avant
du bateau. Ceux-là étaient de pauvres gens. A l'aspect
d'un homme à tête nue, dont l'habit et le haut-de-chausses
en camelot[1] brun, dont le rabat en toile de lin empesé
n'avaient aucun ornement, qui ne tenait à la main ni
toque ni chapeau, sans bourse ni épée à la ceinture, tous
le prirent pour un bourgmestre sûr de son autorité, bourgmestre bon homme et doux comme quelques-uns de ces
vieux Flamands dont la nature et le caractère ingénus
nous ont été si bien conservés par les peintres du pays.
Les pauvres passagers accueillirent alors l'inconnu par des
démonstrations respectueuses qui excitèrent des railleries
chuchotées entre les gens de l'arrière. Un vieux soldat,
homme de peine et de fatigue, donna sa place sur le banc
à l'étranger, s'assit au bord de la barque, et s'y maintint

---

[1] Camlet, a thick stuff made of camel's hair.

en équilibre par la manière dont il appuya ses pieds contre une de ces traverses de bois qui semblables aux arêtes d'un poisson servent à lier les planches des bateaux. Une jeune femme, mère d'un petit enfant, et qui paraissait appartenir à la classe ouvrière d'Ostende, se recula pour faire assez de place au nouveau venu. Ce mouvement n'accusa ni servilité, ni dédain. Ce fut un de ces témoignages d'obligeance par lesquels les pauvres gens, habitués à connaître le prix d'un service et les délices de la fraternité, révèlent la franchise et le naturel de leurs âmes, si naïves dans l'expression de leurs qualités et de leurs défauts; aussi l'étranger les remercia-t-il par un geste plein de noblesse. Puis il s'assit entre cette jeune mère et le vieux soldat. Derrière lui se trouvaient un paysan et son fils, âgé de dix ans. Une pauvresse ayant un bissac presque vide, vieille et ridée, en haillons, type de malheur et d'insouciance, gisait sur le bec de la barque, accroupie dans un gros paquet de cordages. Un des rameurs, vieux marinier, qui l'avait connue belle et riche, l'avait fait entrer, suivant l'admirable diction du peuple, *pour l'amour de Dieu.*

— Grand merci, Thomas, avait dit la vieille, je dirai pour toi ce soir deux *Pater* et deux *Ave* dans ma prière.

Le patron donna du cor encore une fois, regarda la campagne muette, jeta la chaîne dans un bateau, courut le long du bord jusqu'au gouvernail, en prit la barre, resta debout; puis, après avoir contemplé le ciel, il dit d'une voix forte à ses rameurs, quand ils furent en pleine mer:

— Ramez, ramez fort, et dépêchons! la mer sourit à un mauvais grain, la sorcière! Je sens la houle au mouvement du gouvernail, et l'orage à mes blessures.

Ces paroles, dites en termes de marine, espèce de langue intelligible seulement pour des oreilles accoutumées au bruit des flots, imprimèrent aux rames un mouvement précipité, mais toujours cadencé; mouvement unanime, différent de la manière de ramer précédente, comme le trot d'un cheval l'est de son galop. Le beau monde assis à l'arrière prit plaisir à voir tous ces bras nerveux, ces visages bruns aux yeux de feu, ces muscles tendus, et ces

différentes forces humaines agissant de concert, pour leur
faire traverser le détroit moyennant un faible péage. Loin
de déplorer cette misère, ils se montrèrent les rameurs en
riant des expressions grotesques que la manœuvre im-
primait à leurs physionomies tourmentées. A l'avant, le
soldat, le paysan et la vieille contemplaient les mariniers
avec cette espèce de compassion naturelle aux gens qui,
vivant de labeur, connaissent les rudes angoisses et les
fiévreuses fatigues du travail. Puis, habitués à la vie en
plein air, tous avaient compris, à l'aspect du ciel, le danger
qui les menaçait, tous étaient donc sérieux. La jeune mère
berçait son enfant, en lui chantant une vieille hymne
d'église pour l'endormir.

— Si nous arrivons, dit le soldat au paysan, le bon Dieu
aura mis de l'entêtement à nous laisser en vie.

— Ah! il est le maître, répondit la vieille; mais je crois
que son bon plaisir est de nous appeler près de lui. Voyez
là-bas cette lumière? Et, par un geste de tête, elle montrait
le couchant, où des bandes de feu tranchaient vivement
sur des nuages bruns nuancés de rouge qui semblaient bien
près de déchaîner quelque vent furieux. La mer faisait
entendre un murmure sourd, une espèce de mugissement
intérieur, assez semblable à la voix d'un chien quand il ne
fait que gronder. Après tout, Ostende n'était pas loin.
En ce moment, le ciel et la mer offraient un de ces spec-
tacles auxquels il est peut-être impossible à la peinture
comme à la parole de donner plus de durée qu'ils n'en ont
réellement. Les créations humaines veulent des contrastes
puissants. Aussi les artistes demandent-ils ordinairement
à la nature ses phénomènes les plus brillants, désespérant
sans doute de rendre la grande et belle poésie de son allure
ordinaire, quoique l'âme humaine soit souvent aussi profondément remuée dans le calme que dans le mouvement,
et par le silence autant que par la tempête. Il y eut un
moment où, sur la barque, chacun se tut et contempla la
mer et le ciel, soit par pressentiment, soit pour obéir à
cette mélancolie religieuse qui nous saisit presque tous à
l'heure de la prière, à la chute du jour, à l'instant où la

nature se tait, où les cloches parlent. La mer jetait une lueur blanche et blafarde, mais changeante et semblable aux couleurs de l'acier. Le ciel était généralement grisâtre. A l'ouest, de longs espaces étroits simulaient des flots de sang, tandis qu'à l'orient des lignes étincelantes, marquées comme par un pinceau fin, étaient séparées par des nuages plissés comme des rides sur le front d'un vieillard. Ainsi, la mer et le ciel offraient partout un fond terne, tout en demi-teintes, qui faisait ressortir les feux sinistres du couchant. Cette physionomie de la nature inspirait un sentiment terrible. S'il est permis de glisser les audacieux tropes du peuple dans la langue écrite, on répéterait ce que disait le soldat, que le temps était en déroute, ou, ce que lui répondit le paysan, que le ciel avait la mine d'un bourreau. Le vent s'éleva tout à coup vers le couchant, et le patron, qui ne cessait de consulter la mer, la voyant s'enfler à l'horizon, s'écria: — Hau! hau! A ce cri, les matelots s'arrêtèrent aussitôt et laissèrent nager leurs rames.

— Le patron a raison, dit froidement Thomas quand la barque portée en haut d'une énorme vague redescendit comme au fond de la mer entr'ouverte.

A ce mouvement extraordinaire, à cette colère soudaine de l'Océan, les gens de l'arrière devinrent blêmes, et jetèrent un cri terrible: — Nous périssons!

— Oh! pas encore, leur répondit tranquillement le patron.

En ce moment, les nuées se déchirèrent sous l'effort du vent, précisément au-dessus de la barque. Les masses grises s'étant étalées avec une sinistre promptitude à l'orient et au couchant, la lueur du crépuscule y tomba d'aplomb par une crevasse due au vent d'orage, et permit d'y voir les visages. Les passagers, nobles ou riches, mariniers et pauvres, restèrent un moment surpris à l'aspect du dernier venu. Ses cheveux d'or, partagés en deux bandeaux sur son front tranquille et serein, retombaient en boucles nombreuses sur ses épaules, en découpant sur la grise atmosphère une figure sublime de douceur et où rayonnait l'amour divin. Il ne méprisait pas la mort, il était certain de ne pas périr. Mais si d'abord les gens de l'arrière oublièrent un instant la tempête dont l'implacable fureur les menaçait, ils revinrent bientôt à leurs sentiments d'égoïsme et aux habitudes de leur vie.

— Est-il heureux, ce stupide bourgmestre, de ne pas s'apercevoir du danger que nous courons tous! Il est là comme un chien, et mourra sans agonie, dit le docteur.

A peine avait-il dit cette phrase assez judicieuse, que la tempête déchaîna ses légions. Les vents soufflèrent de tous les côtés, la barque tournoya comme une toupie, et la mer y entra.

— Oh! mon pauvre enfant! mon enfant! Qui sauvera mon enfant? s'écria la mère d'une voix déchirante.

— Vous-même, répondit l'étranger.

Le timbre de cet organe pénétra le cœur de la jeune femme, il y mit un espoir; elle entendit cette suave parole malgré les sifflements de l'orage, malgré les cris poussés par les passagers.

— Sainte Vierge de Bon-Secours, qui êtes à Anvers, je vous promets mille livres de cire et une statue, si vous me tirez de là, s'écria le bourgeois à genoux sur des sacs d'or.

— La Vierge n'est pas plus à Anvers qu'ici, lui répondit le docteur.

— Elle est dans le ciel, répliqua une voix qui semblait sortir de la mer.

— Qui donc a parlé?

— C'est le diable, s'écria le domestique, il se moque de la Vierge d'Anvers.

— Laissez-moi donc là votre sainte Vierge, dit le patron aux passagers. Empoignez-moi les écopes[1] et videz-moi l'eau de la barque. Et vous autres, reprit-il en s'adressant aux matelots, ramez ferme! Nous avons un moment de répit, au nom du diable qui vous laisse en ce monde, soyons nous-mêmes notre providence. Ce petit canal est furieusement dangereux, on le sait, voilà trente ans que je le traverse. Est-ce de ce soir que je me bats avec la tempête?

---

[1] Scoops.

Puis, debout à son gouvernail, le patron continua de regarder alternativement sa barque, la mer et le ciel.

— Il se moque toujours de tout, le patron, dit Thomas à voix basse.

— Dieu nous laissera-t-il mourir avec ces misérables? demanda l'orgueilleuse jeune fille au beau cavalier.

— Non, non, noble demoiselle. Écoutez-moi? Il l'attira par la taille, et lui parlant à l'oreille: — Je sais nager, n'en dites rien! Je vous prendrai par vos beaux cheveux, et vous conduirai doucement au rivage; mais je ne puis sauver que vous.

La demoiselle regarda sa vieille mère. La dame était à genoux et demandait quelque absolution à l'évêque qui ne l'écoutait pas. Le chevalier lut dans les yeux de sa belle maîtresse un faible sentiment de piété filiale, et lui dit d'une voix sourde: — Soumettez-vous aux volontés de Dieu! S'il veut appeler votre mère à lui, ce sera sans doute pour son bonheur... en l'autre monde, ajouta-t-il d'une voix encore plus basse. — Et pour le nôtre en celui-ci, pensa-t-il. La dame de Rupelmonde possédait sept fiefs, outre la baronnie de Gâvres. La demoiselle écouta la voix de sa vie, les intérêts de son amour parlant par la bouche du bel aventurier, jeune mécréant qui hantait les églises, où il cherchait une proie, une fille à marier ou de beaux deniers comptants. L'évêque bénissait les flots, et leur ordonnait de se calmer en désespoir de cause; il songeait à sa concubine qui l'attendait avec quelque délicat festin, qui peut-être en ce moment se mettait au bain, se parfumait, s'habillait de velours, ou faisait agrafer ses colliers et ses pierreries. Loin de songer aux pouvoirs de la sainte Église, et de consoler ces chrétiens en les exhortant à se confier à Dieu, l'évêque pervers mêlait des regrets mondains et des paroles d'amour aux saintes paroles du bréviaire. La lueur qui éclairait ces pâles visages permit de voir leurs diverses expressions, quand la barque, enlevée dans les airs par une vague, puis rejetée au fond de l'abîme, puis secouée comme une feuille frêle, jouet de la bise en automne, craqua dans sa coque et parut près de se briser. Ce fut alors des cris horribles, suivis d'affreux silences. L'attitude des personnes assises à l'avant du bateau contrasta singulièrement avec celle des gens riches ou puissants. La jeune mère serrait son enfant contre son sein chaque fois que les vagues menaçaient d'engloutir la fragile embarcation; mais elle croyait à l'espérance que lui avait jetée au cœur la parole dite par l'étranger; chaque fois, elle tournait ses regards vers cet homme, et puisait dans son visage une foi nouvelle, la foi forte d'une femme faible, la foi d'une mère. Vivant par la parole divine, par la parole d'amour échappée à cet homme, la naïve créature attendait avec confiance l'exécution de cette espèce de promesse, et ne redoutait presque plus le péril. Cloué sur le bord de la chaloupe, le soldat ne cessait de contempler cet être singulier sur l'impassibilité duquel il modelait sa figure rude et basanée en déployant son intelligence et sa volonté, dont les puissants ressorts s'étaient peu viciés pendant le cours d'une vie passive et machinale; jaloux de se montrer tranquille et calme autant que ce courage supérieur, il finit par s'identifier, à son insu peut-être, au principe secret de cette puissance intérieure. Puis son admiration devint un fanatisme instinctif, un amour sans bornes, une croyance en cet homme, semblable à l'enthousiasme que les soldats ont pour leur chef, quand il est homme de pouvoir, environné par l'éclat des victoires, et qu'il marche au milieu des éclatants prestiges du génie. La vieille pauvresse disait à voix basse: — Ah! pécheresse infâme que je suis! Ai-je souffert assez pour expier les plaisirs de ma jeunesse? Ah! pourquoi, malheureuse, as-tu mené la belle vie d'une Galloise, as-tu mangé le bien de Dieu avec des gens d'église, le bien des pauvres avec les torçonniers et maltôtiers[1]? Ah! j'ai eu grand tort. O mon Dieu! mon Dieu! laissez-moi finir mon enfer sur cette terre de malheur. Ou bien: — Sainte Vierge, mère de Dieu, prenez pitié de moi!

— Consolez-vous, la mère, le bon Dieu n'est pas un

---

[1] Extortioners (?) (the *Dict. de l'Acad.* gives the adj. *torsonière* with this sense) and tax-collectors.

lombard. Quoique j'aie tué, peut-être à tort et à travers, les bons et les mauvais, je ne crains pas la résurrection.

— Ah! monsieur l'anspessade[1], sont-elles heureuses, ces belles dames, d'être auprès d'un évêque, d'un saint homme! reprit la vieille, elles auront l'absolution de leurs péchés. Oh! si je pouvais entendre la voix d'un prêtre me disant:
— Vos péchés vous seront remis, je le croirais!

L'étranger se tourna vers elle, et son regard charitable la fit tressaillir.

— Ayez la foi, lui dit-il, et vous serez sauvée.

— Que Dieu vous récompense, mon bon Seigneur, lui répondit-elle. Si vous dites vrai, j'irai pour vous et pour moi en pèlerinage à Notre-Dame-de-Lorette[2], pieds nus.

Les deux paysans, le père et le fils, restaient silencieux, résignés et soumis à la volonté de Dieu, en gens accoutumés à suivre instinctivement, comme les animaux, le branle donné à la Nature. Ainsi, d'un côté les richesses, l'orgueil, la science, la débauche, le crime, toute la société humaine telle que la font les arts, la pensée, l'éducation, le monde et ses lois; mais aussi, de ce côté seulement, les cris, la terreur, mille sentiments divers combattus par des doutes affreux, là, seulement, les angoisses de la peur. Puis, au-dessus de ces existences, un homme puissant, le patron de la barque, ne doutant de rien, le chef, le roi fataliste, se faisant sa propre providence et criant: "Sainte Écope!..." et non pas: "Sainte Vierge!..." enfin, défiant l'orage et luttant avec la mer corps à corps. A l'autre bout de la nacelle, des faibles!...la mère berçant dans son sein un petit enfant qui souriait à l'orage; une fille, jadis joyeuse, maintenant livrée à d'horribles remords; un soldat criblé de blessures, sans autre récompense que sa vie mutilée pour prix d'un dévouement infatigable; il avait à peine un

---

[1] A non-commissioned officer below a corporal in the old French army; from the Italian *lanciaspezzata* (broken lance), the *l* being dropped under the idea that it was the article.

[2] Notre-Dame of Loreto, which contains the *Santa Casa* said to have been transported by angels from Nazareth, has been a highly popular place of pilgrimage since the sixteenth century. Montaigne left a votive offering there in 1581.

morceau de pain trempé de pleurs; néanmoins il se riait de tout et marchait sans soucis, heureux quand il noyait sa gloire au fond d'un pot de bière ou qu'il la racontait à des enfants qui l'admiraient. Il commettait gaiement à Dieu le soin de son avenir; enfin, deux paysans, gens de peine et de fatigue, le travail incarné, le labeur dont vivait le monde. Ces simples créatures étaient insouciantes de la pensée et de ses trésors, mais prêtes à les abîmer dans une croyance, ayant la foi d'autant plus robuste qu'elles n'avaient jamais rien discuté, ni analysé; natures vierges où la conscience était restée pure et le sentiment puissant; le remords, le malheur, l'amour, le travail avaient exercé, purifié, concentré, décuplé, leur volonté, la seule chose qui, dans l'homme, ressemble à ce que les savants nomment une âme.

Quand la barque, conduite par la miraculeuse adresse du pilote, arriva presque en vue d'Ostende, à cinquante pas du rivage, elle en fut repoussée par une convulsion de la tempête, et chavira soudain. L'étranger au lumineux visage dit alors à ce petit monde de douleur: — Ceux qui ont la foi seront sauvés; qu'ils me suivent!

Cet homme se leva, marcha d'un pas ferme sur les flots. Aussitôt la jeune mère prit son enfant dans ses bras et marcha près de lui sur la mer. Le soldat se dressa soudain en disant dans son langage de naïveté: — Ah! nom d'une pipe! je te suivrais au diable. Puis, sans paraître étonné, il marcha sur la mer. La vieille pécheresse, croyant à la toute-puissance de Dieu, suivit l'homme et marcha sur la mer. Les deux paysans se dirent: — Puisqu'ils marchent sur l'eau, pourquoi ne ferions-nous pas comme eux? Ils se levèrent et coururent après eux en marchant sur la mer. Thomas voulut les imiter; mais sa foi chancelant, il tomba plusieurs fois dans la mer, se releva; puis, après trois épreuves, il marcha sur la mer. L'audacieux pilote s'était attaché comme un *rémora* sur le plancher de sa barque. L'avare avait eu la foi et s'était levé; mais il voulut emporter son or, et son or l'emporta au fond de la mer. Se moquant du charlatan et des imbéciles qui l'écoutaient, au moment où il vit l'inconnu proposant aux passagers de marcher sur la mer, le savant se prit à rire et fut englouti par l'océan. La jeune fille fut entraînée dans l'abîme par son amant. L'évêque et la vieille dame allèrent au fond, lourds de crimes, peut-être, mais plus lourds encore d'incrédulité, de confiance en de fausses images, lourds de dévotion, légers d'aumônes et de vraie religion.

La troupe fidèle qui foulait d'un pied ferme et sec la plaine des eaux courroucées entendait autour d'elle les horribles sifflements de la tempête. D'énormes lames venaient se briser sur son chemin. Une force invincible coupait l'océan. A travers le brouillard, ces fidèles apercevaient dans le lointain, sur le rivage, une petite lumière faible qui tremblottait par la fenêtre d'une cabane de pêcheurs. Chacun, en marchant courageusement vers cette lueur, croyait entendre son voisin criant à travers les mugissements de la mer: — Courage! Et cependant, attentif à son danger, personne ne disait mot. Ils atteignirent ainsi le bord de la mer. Quand ils furent tous assis au foyer du pêcheur, ils cherchèrent en vain leur guide lumineux. Assis sur le haut d'un rocher, au bas duquel l'ouragan jeta le pilote attaché sur sa planche par cette force que déploient les marins aux prises avec la mort, l'HOMME descendit, recueillit le naufragé presque brisé; puis il dit en étendant une main secourable sur sa tête: Bon pour cette fois-ci, mais n'y revenez plus, ce serait d'un trop mauvais exemple.

Il prit le marin sur ses épaules et le porta jusqu'à la chaumière du pêcheur. Il frappa pour le malheureux, afin qu'on lui ouvrît la porte de ce modeste asile, puis le Sauveur disparut. En cet endroit, fut bâti, pour les marins, le couvent de la *Merci*, où se vit longtemps l'empreinte que les pieds de Jésus-Christ avaient, dit-on, laissée sur le sable. En 1793, lors de l'entrée des Français en Belgique, des moines emportèrent cette précieuse relique, l'attestation de la dernière visite que Jésus ait fait à la Terre.

LE CHEF-D'ŒUVRE INCONNU

This story originally appeared in *L'Artiste* for July and August, 1831, and was reprinted in vol. III of *Romans et Contes philosophiques*.

I

GILLETTE

VERS la fin de l'année 1612, par une froide matinée de décembre, un jeune homme dont le vêtement était de très mince apparence, se promenait devant la porte d'une maison située rue des Grands-Augustins, à Paris. Après avoir assez longtemps marché dans cette rue avec l'irrésolution d'un amant qui n'ose se présenter chez sa première maîtresse, quelque facile qu'elle soit, il finit par franchir le seuil de cette porte, et demanda si maître François PORBUS[1] était en son logis. Sur la réponse affirmative que lui fit une vieille femme occupée à balayer une salle basse, le jeune homme monta lentement les degrés, et s'arrêta de marche en marche, comme quelque courtisan de fraîche date, inquiet de l'accueil que le roi va lui faire. Quand il parvint en haut de la vis[2], il demeura pendant un moment sur le palier, incertain s'il prendrait le heurtoir grotesque qui ornait la porte de l'atelier où travaillait sans doute le peintre de Henri IV délaissé pour Rubens par Marie de Médicis. Le jeune homme éprouvait cette sensation profonde qui a dû faire vibrer le cœur des grands artistes quand, au fort de la jeunesse et de leur amour pour l'art, ils ont abordé un homme de génie ou quelque chef-d'œuvre. Il existe dans tous les sentiments humains une fleur primitive, engendrée par un noble enthousiasme qui va

---

[1] Franz Porbus or Pourbus the younger was born at Antwerp in 1569, so that he was 43 at the time of this story. After some time spent in travelling he fixed his abode at Paris, where he painted two portraits of Henry IV and one of Marie de' Medici. All three are in the Louvre. He died in 1622.

[2] Spiral staircase.

toujours faiblissant jusqu'à ce que le bonheur ne soit plus qu'un souvenir et la gloire un mensonge. Parmi ces émotions fragiles, rien ne ressemble à l'amour comme la jeune passion d'un artiste commençant le délicieux supplice de sa destinée de gloire et de malheur, passion pleine d'audace et de timidité, de croyances vagues et de découragements certains. A celui qui léger d'argent, qui adolescent de génie, n'a pas vivement palpité en se présentant devant un maître, il manquera toujours une corde dans le cœur, je ne sais quelle touche de pinceau, un sentiment dans l'œuvre, une certaine expression de poésie. Si quelques fanfarons bouffis d'eux-mêmes croient trop tôt à l'avenir, ils ne sont gens d'esprit que pour les sots. A ce compte, le jeune inconnu paraissait avoir un vrai mérite, si le talent doit se mesurer sur cette timidité première, sur cette pudeur indéfinissable que les gens promis à la gloire savent perdre dans l'exercice de leur art, comme les jolies femmes perdent la leur dans le manège de la coquetterie. L'habitude du triomphe amoindrit le doute, et la pudeur est un doute peut-être.

Accablé de misère et surpris en ce moment de son outrecuidance, le pauvre néophyte ne serait pas entré chez le peintre auquel nous devons l'admirable portrait de Henri IV[1], sans un secours extraordinaire que lui envoya le hasard. Un vieillard vint à monter l'escalier. A la bizarrerie de son costume, à la magnificence de son rabat de dentelle, à la prépondérante sécurité de sa démarche, le jeune homme devina dans ce personnage ou le protecteur ou l'ami du peintre; il se recula sur le palier pour lui faire place, et l'examina curieusement, espérant trouver en lui la bonne nature d'un artiste ou le caractère serviable des gens qui aiment les arts; mais il aperçut quelque chose de diabolique dans cette figure, et surtout ce *je ne sais quoi* qui affriande les artistes. Imaginez un front chauve, bombé, proéminent, retombant en saillie sur un petit nez écrasé, retroussé du bout comme celui de Rabelais ou de Socrate;

---

[1] A reproduction of this portrait forms the frontispiece of vol. XII of Michelet's *Histoire de France*.

une bouche rieuse et ridée, un menton court, fièrement
relevé, garni d'une barbe grise taillée en pointe, des yeux
vert de mer ternis en apparence par l'âge, mais qui par le
contraste du blanc nacré dans lequel flottait la prunelle
devaient parfois jeter des regards magnétiques au fort de
la colère ou de l'enthousiasme. Le visage était d'ailleurs
singulièrement flétri par les fatigues de l'âge, et plus encore
par ces pensées qui creusent également l'âme et le corps.
Les yeux n'avaient plus de cils, et à peine voyait-on quelques traces de sourcils au-dessus de leurs arcades saillantes. Mettez cette tête sur un corps fluet et débile, en-
tourez-la d'une dentelle étincelante de blancheur et
travaillée comme une truelle à poisson, jetez sur le pourpoint noir du vieillard une lourde chaîne d'or, et vous
aurez une image imparfaite de ce personnage auquel le
jour faible de l'escalier prêtait encore une couleur fantastique. Vous eussiez dit d'une toile de Rembrandt marchant
silencieusement et sans cadre dans la noire atmosphère
que s'est appropriée ce grand peintre. Le vieillard jeta
sur le jeune homme un regard empreint de sagacité, frappa
trois coups à la porte, et dit à un homme valétudinaire,
âgé de quarante ans environ, qui vint ouvrir: — Bonjour,
maître.

Porbus s'inclina respectueusement, il laissa entrer le
jeune homme en le croyant amené par le vieillard et s'in-
quiéta d'autant moins de lui que le néophyte demeura sous
le charme que doivent éprouver les peintres-nés à l'aspect
du premier atelier qu'ils voient et où se revèlent quelques-
uns des procédés matériels de l'art. Un vitrage ouvert dans
la voûte éclairait l'atelier de maître Porbus. Concentré
sur une toile accrochée au chevalet, et qui n'était encore
touchée que de trois ou quatre traits blancs, le jour
n'atteignait pas jusqu'aux noires profondeurs des angles
de cette vaste pièce; mais quelques reflets égarés allumaient
dans cette ombre rousse une paillette argentée au ventre
d'une cuirasse de reître suspendue à la muraille, rayaient
d'un brusque sillon de lumière la corniche sculptée et cirée
d'un antique dressoir chargé de vaisselles curieuses, ou

piquaient de points éclatants la trame grenue de quelques
vieux rideaux de brocart d'or aux grands plis cassés, jetés
là comme modèles. Des écorchés de plâtre[1], des fragments
et des torses de déesses antiques, amoureusement polis par
les baisers des siècles, jonchaient les tablettes et les consoles. D'innombrables ébauches, des études aux trois
crayons, à la sanguine ou à la plume, couvraient les murs
jusqu'au plafond. Des boîtes à couleurs, des bouteilles
d'huile et d'essence, des escabeaux renversés ne laissaient
qu'un étroit chemin pour arriver sous l'auréole que pro-
jetait la haute verrière dont les rayons tombaient à plein
sur la pâle figure de Porbus et sur le crâne d'ivoire de
l'homme singulier. L'attention du jeune homme fut bientôt exclusivement acquise à un tableau qui, par ce temps
de trouble et de révolutions, était déjà devenu célèbre, et
que visitaient quelques-uns de ces entêtés auxquels on
doit la conservation du feu sacré pendant les jours mauvais. Cette belle page représentait une *Marie Égyptienne*[2]
se disposant à payer le passage du bateau. Ce chef-
d'œuvre, destiné à Marie de Médicis, fut vendu par elle
aux jours de sa misère.

— Ta sainte me plaît, dit le vieillard à Porbus, et je te
la paierais dix écus d'or au delà du prix que donne la
reine; mais aller sur ses brisées?...du diable!

— Vous la trouvez bien?

— Heu! heu! fit le vieillard, bien?...oui et non. Ta
bonne femme n'est pas mal troussée, mais elle ne vit pas.
Vous autres, vous croyez avoir tout fait lorsque vous avez
dessiné correctement une figure et mis chaque chose à sa
place d'après les lois de l'anatomie! Vous colorez ce linéament avec un ton de chair fait d'avance sur votre palette
en ayant soin de tenir un côté plus sombre que l'autre, et
parce que vous regardez de temps en temps une femme
nue qui se tient debout sur une table, vous croyez avoir
copié la nature, vous vous imaginez être des peintres et

[1] Anatomical models, i.e. with the muscles exposed.
[2] St Mary of Egypt was a popular saint in France. Her legend is of
older date than that of St Mary Magdalene, which it resembles.

avoir dérobé le secret de Dieu!...Prrr! Il ne suffit pas pour être un grand poète de savoir à fond la syntaxe et de ne pas faire de fautes de langue! Regarde ta sainte, Porbus? Au premier aspect, elle semble admirable; mais au second coup d'œil on s'aperçoit qu'elle est collée au fond de la toile et qu'on ne pourrait pas faire le tour de son corps. C'est une silhouette qui n'a qu'une seule face, c'est une apparence découpée, une image qui ne saurait se retourner, ni changer de position. Je ne sens pas d'air entre ce bras et le champ du tableau; l'espace et la profondeur manquent; cependant tout est bien en perspective, et la dégradation aérienne est exactement observée; mais, malgré de si louables efforts, je ne saurais croire que ce beau corps soit animé par le tiède souffle de la vie. Il me semble que si je portais la main sur cette gorge d'une si ferme rondeur, je la trouverais froide comme du marbre! Non, mon ami, le sang ne court pas sous cette peau d'ivoire, l'existence ne gonfle pas de sa rosée de pourpre les veines et les fibrilles qui s'entrelacent en réseaux sous la transparence ambrée des tempes et de la poitrine. Cette place palpite, mais cette autre est immobile, la vie et la mort luttent dans chaque détail: ici c'est une femme, là une statue, plus loin un cadavre. Ta création est incomplète. Tu n'as pu souffler qu'une portion de ton âme à ton œuvre chérie. Le flambeau de Prométhée s'est éteint plus d'une fois dans tes mains, et beaucoup d'endroits de ton tableau n'ont pas été touchés par la flamme céleste.

— Mais pourquoi, mon cher maître? dit respectueusement Porbus au vieillard tandis que le jeune homme avait peine à réprimer une forte envie de le battre.

— Ah! voilà, dit le petit vieillard. Tu as flotté indécis entre les deux systèmes, entre le dessin et la couleur, entre le flegme minutieux, la raideur précise des vieux maîtres allemands et l'ardeur éblouissante, l'heureuse abondance des peintres italiens. Tu as voulu imiter à la fois Hans Holbein et Titien, Albrecht Durer et Paul Véronèse. Certes c'était là une magnifique ambition! Mais qu'est-il arrivé? Tu n'as eu ni le charme sévère de la sécheresse, ni les décevantes magies du clair-obscur. Dans cet endroit, comme un bronze en fusion qui crève son trop faible moule, la riche et blonde couleur du Titien a fait éclater le maigre contour d'Albrecht Durer où tu l'avais coulée. Ailleurs, le linéament a résisté et contenu les magnifiques débordements de la palette vénitienne. Ta figure n'est ni parfaitement dessinée, ni parfaitement peinte, et porte partout les traces de cette malheureuse indécision. Si tu ne te sentais pas assez fort pour fondre ensemble au feu de ton génie les deux manières rivales, il fallait opter franchement entre l'une ou l'autre, afin d'obtenir l'unité qui simule une des conditions de la vie. Tu n'es vrai que dans les milieux, tes contours sont faux, ne s'enveloppent pas et ne promettent rien par derrière. Il y a de la vérité ici, dit le vieillard en montrant la poitrine de la sainte. — Puis, ici, reprit-il en indiquant le point où sur le tableau finissait l'épaule. — Mais là, fit-il en revenant au milieu de la gorge, tout est faux. N'analysons rien, ce serait faire ton désespoir.

Le vieillard s'assit sur une escabelle, se tint la tête dans les mains et resta muet.

— Maître, lui dit Porbus, j'ai cependant bien étudié sur le nu cette gorge ; mais, pour notre malheur, il est des effets vrais dans la nature qui ne sont plus probables sur la toile...

— La mission de l'art n'est pas de copier la nature, mais de l'exprimer ! Tu n'es pas un vil copiste, mais un poète ! s'écria vivement le vieillard en interrompant Porbus par un geste despotique. Autrement un sculpteur serait quitte de tous ses travaux en moulant une femme ! Hé ! bien, essaie de mouler la main de ta maîtresse et de la poser devant toi, tu trouveras un horrible cadavre sans aucune ressemblance, et tu seras forcé d'aller trouver le ciseau de l'homme qui, sans te la copier exactement, t'en figurera le mouvement et la vie. Nous avons à saisir l'esprit, l'âme, la physionomie des choses et des êtres. Les effets ! les effets ! mais ils sont les accidents de la vie, et non la vie. Une main, puisque j'ai pris cet exemple, une main ne tient pas seulement au corps, elle exprime et continue une pensée qu'il faut saisir et rendre. Ni le peintre, ni le poète, ni le sculpteur ne doivent séparer l'effet de la cause qui sont invinciblement l'un dans l'autre! La véritable lutte est là! Beaucoup de peintres triomphent instinctivement sans connaître ce thème de l'art. Vous dessinez une femme, mais vous ne la voyez pas! Ce n'est pas ainsi que l'on parvient à forcer l'arcane de la nature. Votre main reproduit, sans que vous y pensiez, le modèle que vous avez copié chez votre maître. Vous ne descendez pas assez dans l'intimité de la forme, vous ne la poursuivez pas avec assez d'amour et de persévérance dans ses détours et dans ses fuites. La beauté est une chose sévère et difficile qui ne se laisse point atteindre ainsi, il faut attendre ses heures, l'épier, la presser et l'enlacer étroitement pour la forcer à se rendre. La Forme est un Protée bien plus insaisissable et plus fertile en replis que le Protée de la fable, ce n'est qu'après de longs combats qu'on peut la contraindre à se montrer sous son véritable aspect; vous autres! vous vous contentez de la première apparence qu'elle vous livre, ou tout au plus de la seconde, ou de la troisième; ce n'est pas ainsi qu'agissent les victorieux lutteurs! Ces peintres invaincus ne se laissent pas tromper à tous ces faux-fuyants, ils persévèrent jusqu'à ce que la nature en soit réduite à se montrer toute nue et dans son véritable esprit. Ainsi a procédé Raphaël, dit le vieillard en ôtant son bonnet de velours noir pour exprimer le respect que lui inspirait le roi de l'art, sa grande supériorité vient du sens intime qui, chez lui, semble vouloir briser la Forme. La Forme est, dans ses figures, ce qu'elle est chez nous, un truchement pour se communiquer des idées, des sensations, une vaste poésie. Toute figure est un monde, un portrait dont le modèle est apparu dans une vision sublime, teint de lumière, désigné par une voix intérieure, dépouillé par un doigt céleste qui a montré, dans le passé de tout une vie, les sources de l'expression. Vous faites à vos femmes de belles robes de chair, de belles draperies de cheveux, mais où est le sang qui engendre le calme ou la passion et

qui cause des effets particuliers. Ta sainte est une femme
brune, mais ceci, mon pauvre Porbus, est d'une blonde!
Vos figures sont alors de pâles fantômes colorés que vous
nous promenez devant les yeux, et vous appelez cela de la
peinture et de l'art. Parce que vous avez fait quelque
chose qui ressemble plus à une femme qu'à une maison,
vous pensez avoir touché le but, et, tout fiers de n'être plus
obligés d'écrire à côté de vos figures, *currus venustus* ou
pulcher homo, comme les premiers peintres, vous vous
imaginez être des artistes merveilleux! Ha! ha! vous n'y
êtes pas encore, mes braves compagnons, il vous faudra
user bien des crayons, couvrir bien des toiles avant d'arriver. Assurément, une femme porte sa tête de cette manière,
elle tient sa jupe ainsi, ses yeux s'alanguissent et se fon-
dent avec cet air de douceur résignée, l'ombre palpitante
des cils flotte ainsi sur les joues! C'est cela, et ce n'est pas
cela. Qu'y manque-t-il? un rien, mais ce rien est tout.
Vous avez l'apparence de la vie, mais vous n'exprimez pas
son trop plein qui déborde, ce je ne sais quoi qui est l'âme
peut-être et qui flotte nuageusement sur l'enveloppe; enfin
cette fleur de vie que Titien et Raphaël ont surprise. En
partant du point extrême où vous arrivez, on ferait peut-
être d'excellente peinture; mais vous vous lassez trop vite.
Le vulgaire admire, et le vrai connaisseur sourit. O
Mabuse[1], ô mon maître, ajouta ce singulier personnage, tu
es un voleur, tu as emporté la vie avec toi! — A cela près,
reprit-il, cette toile vaut mieux que les peintures de ce
faquin de Rubens avec ses montagnes de viandes flamandes,
saupoudrées de vermillon, ses ondées de chevelures rousses,
et son tapage de couleurs. Au moins, avez-vous là couleur,
sentiment et dessin, les trois parties essentielles de l'Art.

— Mais cette sainte est sublime, bon homme! s'écria
d'une voix forte le jeune homme en sortant d'une rêverie
profonde. Ces deux figures, celle de la sainte et celle du

[1] Jean Gossaert, called Jean de Mabuse from his birthplace (now Mau-
beuge), died at Antwerp in 1533–34, but in Balzac's day the date of his death
was generally given as 1562. His masterpiece is the great *Adoration of the
Magi*, formerly in the collection of the Earl of Carlisle and now in the
National Gallery.

batelier, ont une finesse d'intention ignorée des peintres italiens, je n'en sais pas un seul qui eût inventé l'indécision du batelier.

— Ce petit drôle est-il à vous? demanda Porbus au vieillard.

— Hélas! maître, pardonnez à ma hardiesse, répondit le néophyte en rougissant. Je suis inconnu, barbouilleur d'instinct, et arrivé depuis peu dans cette ville, source de toute science.

— A l'œuvre! lui dit Porbus en lui présentant un crayon rouge et une feuille de papier.

L'inconnu copia lestement la Marie au trait.

— Oh! oh! s'écria le vieillard. Votre nom?

Le jeune homme écrivit au bas Nicolas Poussin[1].

— Voilà qui n'est pas mal pour un commençant, dit le singulier personnage qui discourait si follement. Je vois que l'on peut parler peinture devant toi. Je ne te blâme pas d'avoir admiré la sainte de Porbus. C'est un chef-d'œuvre pour tout le monde, et les initiés aux plus profonds arcanes de l'art peuvent seuls découvrir en quoi elle pèche. Mais puisque tu es digne de la leçon, et capable de comprendre, je vais te faire voir combien peu de chose il faudrait pour compléter cet œuvre. Sois tout œil et tout attention, une pareille occasion de t'instruire ne se représentera peut-être jamais. Ta palette, Porbus?

Porbus alla chercher palette et pinceaux. Le petit vieillard retroussa ses manches avec un mouvement de brusquerie convulsive, passa son pouce dans la palette diaprée et chargée de tons que Porbus lui tendait; il lui arracha des mains plutôt qu'il ne les prit une poignée de brosses de toutes dimensions, et sa barbe taillée en pointe se remua soudain par des efforts menaçants qui exprimaient le prurit d'une amoureuse fantaisie. Tout en chargeant son pinceau de couleur, il grommelait entre ses dents: — Voici des tons bons à jeter par la fenêtre avec celui qui les a composés, ils sont d'une crudité et d'une fausseté ré-

---

[1] Nicolas Poussin, the greatest representative of the classical ideal in French art, was born near Les Andelys in Normandy and came to Paris in 1612.

voltantes, comment peindre avec cela? Puis il trempait
avec une vivacité fébrile la pointe de la brosse dans les
différents tas de couleurs dont il parcourait quelquefois la
gamme entière plus rapidement qu'un organiste de cathédrale ne parcourt l'étendue de son clavier à l'*O Filii*[1] de
Pâques.

Porbus et Poussin se tenaient immobiles chacun d'un côté
de la toile, plongés dans la plus véhémente contemplation.

— Vois-tu, jeune homme, disait le vieillard sans se dé-
tourner, vois-tu comme au moyen de trois ou quatre
touches et d'un petit glacis[2] bleuâtre, on pouvait faire
circuler l'air autour de la tête de cette pauvre sainte qui
devait étouffer et se sentir prise dans cette atmosphère
épaisse! Regarde comme cette draperie voltige à présent
et comme on comprend que la brise la soulève! Auparavant elle avait l'air d'une toile empesée et soutenue par
des épingles. Remarques-tu comme le luisant satiné que
je viens de poser sur la poitrine rend bien la grasse souplesse
d'une peau de jeune fille, et comme le ton mélangé de
brun-rouge et d'ocre calciné réchauffe la grise froideur de
cette grande ombre où le sang se figeait au lieu de courir.
Jeune homme, jeune homme, ce que je te montre là,
aucun maître ne pourrait te l'enseigner. Mabuse seul
possédait le secret de donner de la vie aux figures. Mabuse
n'a eu qu'un élève, qui est moi. Je n'en ai pas eu, et je
suis vieux! Tu as assez d'intelligence pour deviner le reste,
par ce que je te laisse entrevoir.

Tout en parlant, l'étrange vieillard touchait à toutes les
parties du tableau: ici deux coups de pinceau, là un seul,
mais toujours si à propos qu'on aurait dit une nouvelle
peinture, mais une peinture trempée de lumière. Il
travaillait avec une ardeur si passionnée que la sueur se
perla sur son front dépouillé; il allait si rapidement par de
petits mouvements si impatients, si saccadés, que pour le
jeune Poussin il semblait qu'il y eût dans le corps de ce
bizarre personnage un démon qui agissait par ses mains en

---

[1] The first words of the most popular Easter hymn of the Catholic Church
in France (*English Hymnal*, No. 626).   [2] Glaze.

les prenant fantastiquement contre le gré de l'homme. L'éclat surnaturel des yeux, les convulsions qui semblaient l'effet d'une résistance donnaient à cette idée un semblant de vérité qui devait agir sur une jeune imagination. Le vieillard allait disant : — Paf, paf, paf ! voilà comment cela se beurre[1], jeune homme ! venez, mes petites touches, faites-moi roussir ce ton glacial ! Allons donc ! Pon ! pon ! pon ! disait-il en réchauffant les parties où il avait signalé un défaut de vie, en faisant disparaître par quelques plaques de couleur les différences de tempérament, et rétablissant l'unité de ton que voulait une ardente Égyptienne.

— Vois-tu, petit, il n'y a que le dernier coup de pinceau qui compte. Porbus en a donné cent, moi, je n'en donne qu'un. Personne ne nous sait gré de ce qui est dessous. Sache bien cela !

Enfin ce démon s'arrêta, et se tournant vers Porbus et Poussin muets d'admiration, il leur dit : — Cela ne vaut pas encore ma Belle-Noiseuse, cependant on pourrait mettre son nom au bas d'une pareille œuvre. Oui, je la signerais, ajouta-t-il en se levant pour prendre un miroir dans lequel il la regarda. — Maintenant, allons déjeuner, dit-il. Venez tous deux à mon logis. J'ai du jambon fumé, du bon vin ! Hé ! hé ! malgré le malheur des temps, nous causerons peinture ! Nous sommes de force. Voici un petit bonhomme, ajouta-t-il en frappant sur l'épaule de Nicolas Poussin, qui a de la facilité.

Apercevant alors la piètre casaque du Normand, il tira de sa ceinture une bourse de peau, y fouilla, prit deux pièces d'or, et les lui montrant : — J'achète ton dessin, dit-il.

— Prends, dit Porbus à Poussin en le voyant tressaillir et rougir de honte, car ce jeune adepte avait la fierté du pauvre. Prends donc, il a dans son escarcelle la rançon de deux rois !

Tous trois, ils descendirent de l'atelier et cheminèrent en devisant sur les arts, jusqu'à une belle maison de bois, située près du pont Saint-Michel[2], et dont les ornements,

[1] Is laid on.
[2] The Pont Saint-Michel is the bridge next above the Pont-Neuf, connecting the rue Saint-Jacques with the rue de la Cité.

le heurtoir, les encadrements de croisées, les arabesques émerveillèrent Poussin. Le peintre en espérance se trouva tout à coup dans une salle basse, devant un bon feu, près d'une table chargée de mets appétissants, et par un bonheur inouï, dans la compagnie de deux grands artistes pleins de bonhomie.

— Jeune homme, lui dit Porbus en le voyant ébahi devant un tableau, ne regardez pas trop cette toile, vous tomberiez dans le désespoir.

C'était l'*Adam*[1] que fit Mabuse pour sortir de prison où ses créanciers le retinrent si longtemps. Cette figure offrait, en effet, une telle puissance de réalité, que Nicolas Poussin commença dès ce moment à comprendre le véritable sens des confuses paroles dites par le vieillard. Celui-ci regardait le tableau d'un air satisfait, mais sans enthousiasme, et semblait dire: "J'ai fait mieux!"

— Il y a de la vie, dit-il, mon pauvre maître s'y est surpassé; mais il manquait encore un peu de vérité dans le fond de la toile. L'homme est bien vivant, il se lève et va venir à nous. Mais l'air, le ciel, le vent que nous respirons, voyons et sentons, n'y sont pas. Puis il n'y a encore là qu'un homme! Or le seul homme qui soit immédiatement sorti des mains de Dieu, devait avoir quelque chose de divin qui manque. Mabuse le disait lui-même avec dépit quand il n'était pas ivre.

Poussin regardait alternativement le vieillard et Porbus avec une inquiète curiosité. Il s'approcha de celui-ci comme pour lui demander le nom de leur hôte; mais le peintre se mit un doigt sur les lèvres d'un air de mystère, et le jeune homme, vivement intéressé, garda le silence, espérant que tôt ou tard quelque mot lui permettrait de deviner le nom de son hôte, dont la richesse et les talents étaient suffisamment attestés par le respect que Porbus lui témoignait, et par les merveilles entassées dans cette salle.

Poussin, voyant sur la sombre boiserie de chêne un

---

[1] Mabuse painted several pictures of Adam and Eve in Paradise; one, which came from the collection of Charles I, is at Hampton Court.

magnifique portrait de femme, s'écria: — Quel beau Giorgion!

— Non! répondit le vieillard, vous voyez un de mes premiers barbouillages!

— Tudieu! je suis donc chez le dieu de la peinture, dit naïvement le Poussin.

Le vieillard sourit comme un homme familiarisé depuis longtemps avec cet éloge.

— Maître Frenhofer! dit Porbus, ne sauriez-vous faire venir un peu de votre bon vin du Rhin pour moi.

— Deux pipes, répondit le vieillard. Une pour m'acquitter du plaisir que j'ai eu ce matin en voyant ta·jolie pécheresse, et l'autre comme un présent d'amitié.

— Ah! si je n'étais pas toujours souffrant, reprit Porbus, et si vous vouliez me laisser voir votre Belle-Noiseuse, je pourrais faire quelque peinture haute, large et profonde, où les figures seraient de grandeur naturelle.

— Montrer mon œuvre, s'écria le vieillard tout ému. Non, non, je dois la perfectionner encore. Hier, vers le soir, dit-il, j'ai cru avoir fini. Ses yeux me semblaient humides, sa chair était agitée. Les tresses de ses cheveux remuaient. Elle respirait! Quoique j'aie trouvé le moyen de réaliser sur une toile plate le relief et la rondeur de la nature, ce matin, au jour, j'ai reconnu mon erreur. Ah! pour arriver à ce résultat glorieux, j'ai étudié à fond les grands maîtres du coloris, j'ai analysé et soulevé couche par couche les tableaux de Titien, ce roi de la lumière; j'ai, comme ce peintre souverain, ébauché ma figure dans un ton clair avec une pâte souple et nourrie, car l'ombre n'est qu'un accident, retiens cela, petit. Puis je suis revenu sur mon œuvre, et au moyen de demi-teintes et de glacis dont je diminuais de plus en plus la transparence, j'ai rendu les ombres les plus vigoureuses et jusqu'aux noirs les plus fouillés; car les ombres des peintres ordinaires sont d'une autre nature que leurs tons éclairés; c'est du bois, de l'airain, c'est tout ce que vous voudrez, excepté de la chair dans l'ombre. On sent que si leur figure changeait de position, les places ombrées ne se nettoieraient pas et ne deviendraient pas lumineuses. J'ai évité ce défaut où beaucoup d'entre les plus illustres sont tombés, et chez moi la blancheur se révèle sous l'opacité de l'ombre la plus soutenue ! Comme une foule d'ignorants qui s'imaginent dessiner correctement parce qu'ils font un trait soigneusement ébarbé, je n'ai pas marqué sèchement les bords extérieurs de ma figure et fait ressortir jusqu'au moindre détail anatomique, car le corps humain ne finit pas par des lignes. En cela, les sculpteurs peuvent plus approcher de la vérité que nous autres. La nature comporte une suite de rondeurs qui s'enveloppent les unes dans les autres. Rigoureusement parlant, le dessin n'existe pas ! Ne riez pas, jeune homme ! Quelque singulier que vous paraisse ce mot, vous en comprendrez quelque jour les raisons. La ligne est le moyen par lequel l'homme se rend compte de l'effet de la lumière sur les objets ; mais il n'y a pas de lignes dans la nature où tout est plein : c'est en modelant qu'on dessine, c'est-à-dire qu'on détache les choses du milieu où elles sont, la distribution du jour donne seule l'apparence au corps ! Aussi, n'ai-je pas arrêté les linéaments, j'ai répandu sur les contours un nuage de demi-teintes blondes et chaudes qui fait que l'on ne saurait précisément poser le doigt sur la place où les contours se rencontrent avec les fonds. De près, ce travail semble cotonneux et paraît manquer de précision, mais à deux pas, tout se raffermit, s'arrête et se détache ; le corps tourne, les formes deviennent saillantes, l'on sent l'air circuler tout autour. Cependant je ne suis pas encore content, j'ai des doutes. Peut-être faudrait-il ne pas dessiner un seul trait, et vaudrait-il mieux attaquer une figure par le milieu en s'attachant d'abord aux saillies les plus éclairées, pour passer ensuite aux portions les plus sombres. N'est-ce pas ainsi que procède le soleil, ce divin peintre de l'univers ? Oh ! nature, nature ! qui jamais t'a surprise dans tes fuites ! Tenez, le trop de science, de même que l'ignorance, arrive à une négation. Je doute de mon œuvre !

Le vieillard fit une pause, puis il reprit : — Voilà dix ans, jeune homme, que je travaille ; mais que sont dix petites années quand il s'agit de lutter avec la nature ? Nous ignorons le temps qu'employa le seigneur Pygmalion pour faire la seule statue qui ait marché !

Le vieillard tomba dans une rêverie profonde, et resta les yeux fixes en jouant machinalement avec son couteau.

— Le voilà en conversation avec son *esprit*, dit Porbus à voix basse.

A ce mot, Nicolas Poussin se sentit sous la puissance d'une inexplicable curiosité d'artiste. Ce vieillard aux yeux blancs, attentif et stupide, devenu pour lui plus qu'un homme, lui apparut comme un génie fantasque qui vivait dans une sphère inconnue. Il réveillait mille idées confuses dans l'âme. Le phénomène moral de cette espèce de fascination ne peut pas plus se définir qu'on ne peut traduire l'émotion excitée par un chant qui rappelle la patrie au cœur de l'exilé. Le mépris que ce vieil homme affectait d'exprimer pour les plus belles tentatives de l'art, sa richesse, ses manières, les déférences de Porbus pour lui, cette œuvre tenue si longtemps secrète, œuvre de patience, œuvre de génie sans doute, s'il fallait en croire la tête de Vierge que le jeune Poussin avait si franchement admirée, et qui belle encore, même près de l'*Adam* de Mabuse, attestait le faire impérial d'un des princes de l'art; tout en ce vieillard allait au delà des bornes de la nature humaine. Ce que la riche imagination de Nicolas Poussin put saisir de clair et de perceptible en voyant cet être surnaturel, était une complète image de la nature artiste, de cette nature folle à laquelle tant de pouvoirs sont confiés, et qui trop souvent en abuse, emmenant la froide raison, les bourgeois et même quelques amateurs, à travers mille routes pierreuses, où, pour eux, il n'y a rien: tandis que folâtre en ces fantaisies, cette fille aux ailes blanches y découvre des épopées, des châteaux, des œuvres d'art. Nature moqueuse et bonne, féconde et pauvre ! Ainsi, pour l'enthousiaste Poussin, ce vieillard était devenu, par une transfiguration subite, l'Art lui-même, l'art avec ses secrets, ses fougues et ses rêveries.

— Oui, mon cher Porbus, reprit Frenhofer, il m'a manqué jusqu'à présent de rencontrer une femme irré-

prochable, un corps dont les contours soient d'une beauté
parfaite, et dont la carnation... Mais où est-elle vivante,
dit-il en s'interrompant, cette introuvable Vénus des
anciens, si souvent cherchée, et de qui nous rencontrons à
peine quelques beautés éparses? Oh! pour voir un moment,
une seule fois, la nature divine, complète, l'idéal enfin, je
donnerais toute ma fortune, mais j'irais te chercher dans
tes limbes, beauté céleste! Comme Orphée, je descendrais
dans l'enfer de l'art pour en ramener la vie.

— Nous pouvons partir d'ici, dit Porbus à Poussin, il
ne nous entend plus, ne nous voit plus!

— Allons à son atelier, répondit le jeune homme émer-
veillé.

— Oh! le vieux reître[1] a su en défendre l'entrée. Ses
trésors sont trop bien gardés pour que nous puissions y
arriver. Je n'ai pas attendu votre avis et votre fantaisie
pour tenter l'assaut du mystère.

— Il y a donc un mystère?

— Oui, répondit Porbus. Le vieux Frenhofer est le seul
élève que Mabuse ait voulu faire. Devenu son ami, son
sauveur, son père, Frenhofer a sacrifié la plus grande partie
de ses trésors à satisfaire les passions de Mabuse; en
échange, Mabuse lui a légué le secret du relief, le pouvoir
de donner aux figures cette vie extraordinaire, cette fleur
de nature, notre désespoir éternel, mais dont il possédait
si bien *le faire*, qu'un jour, ayant vendu et bu le damas à
fleurs avec lequel il devait s'habiller à l'entrée de Charles-
Quint, il accompagna son maître avec un vêtement de
papier peint en damas. L'éclat particulier de l'étoffe portée
par Mabuse surprit l'empereur, qui, voulant en faire com-
pliment au protecteur du vieil ivrogne, découvrit la super-
cherie. Frenhofer est un homme passionné pour notre art,
qui voit plus haut et plus loin que les autres peintres. Il a
profondément médité sur les couleurs, sur la vérité absolue
de la ligne; mais, à force de recherches, il est arrivé à
douter de l'objet même de ses recherches. Dans ses mo-

---

[1] The old soldier. German *reiters* (*reîtres*) and *landsknechte* (*lansquenets*)
were employed as mercenaries in the Religious Wars.

ments de désespoir, il prétend que le dessin n'existe pas et qu'on ne peut rendre avec des traits que des figures géométriques; ce qui est au delà du vrai, puisque avec le trait et le noir, qui n'est pas une couleur, on peut faire une figure; ce qui prouve que notre art est, comme la nature, composé d'une infinité d'éléments: le dessin donne un squelette, la couleur est la vie, mais la vie sans le squelette est une chose plus incomplète que le squelette sans la vie. Enfin, il y a quelque chose de plus vrai que tout ceci, c'est que la pratique et l'observation sont tout chez un peintre, et que si le raisonnement et la poésie se querellent avec les brosses, on arrive au doute comme le bonhomme, qui est aussi fou que peintre. Peintre sublime, il a eu le malheur de naître riche, ce qui lui a permis de divaguer, ne l'imitez pas! Travaillez! les peintres ne doivent méditer que les brosses à la main.

— Nous y pénétrerons, s'écria le Poussin n'écoutant plus Porbus et ne doutant plus de rien.

Porbus sourit à l'enthousiasme du jeune inconnu, et le quitta en l'invitant à venir le voir.

Nicolas Poussin revint à pas lents vers la rue de la Harpe, et dépassa sans s'en apercevoir la modeste hôtellerie où il était logé. Montant avec une inquiète promptitude son misérable escalier, il parvint à une chambre haute, située sous une toiture en colombage, naïve et légère couverture des maisons du vieux Paris. Près de l'unique et sombre fenêtre de cette chambre, il vit une jeune fille qui, au bruit de la porte, se dressa soudain par un mouvement d'amour; elle avait reconnu le peintre à la manière dont il avait attaqué le loquet.

— Qu'as-tu? lui dit-elle.

— J'ai, j'ai, s'écria-t-il en étouffant de plaisir, que je me suis senti peintre! J'avais douté de moi jusqu'à présent, mais ce matin j'ai cru en moi-même! Je puis être un grand homme! Va, Gillette, nous serons riches, heureux! Il y a de l'or dans ces pinceaux.

Mais il se tut soudain. Sa figure grave et vigoureuse perdit son expression de joie quand il compara l'immensité de ses espérances à la médiocrité de ses ressources. Les murs étaient couverts de simples papiers chargés d'esquisses au crayon. Il ne possédait pas quatre toiles propres. Les couleurs avaient alors. un haut prix, et le pauvre gentilhomme voyait sa palette à peu près nue. Au sein de cette misère, il possédait et ressentait d'incroyables richesses de cœur, et la surabondance d'un génie dévorant. Amené à Paris par un gentilhomme de ses amis, ou peut-être par son propre talent, il y avait rencontré soudain une maîtresse, une de ces âmes nobles et généreuses qui viennent souffrir près d'un grand homme, en épousent les misères et s'efforcent de comprendre leurs caprices; fortes pour la misère et l'amour, comme d'autres sont intrépides à porter le luxe, à faire parader leur insensibilité. Le sourire errant sur les lèvres de Gillette dorait ce grenier et rivalisait avec l'éclat du ciel. Le soleil ne brillait pas toujours, tandis qu'elle était toujours là, recueillie dans sa passion, attachée à son bonheur, à sa souffrance, consolant le génie qui débordait dans l'amour avant de s'emparer de l'art.

— Écoute, Gillette, viens.

L'obéissante et joyeuse fille sauta sur les genoux du peintre. Elle était toute grâce, toute beauté, jolie comme un printemps, parée de toutes les richesses féminines et les éclairant par le feu d'une belle âme.

— O Dieu! s'écria-t-il, je n'oserai jamais lui dire...

— Un secret? reprit-elle, je veux le savoir.

Le Poussin resta rêveur.

— Parle donc.

— Gillette! pauvre cœur aimé!

— Oh! tu veux quelque chose de moi?

— Oui.

— Si tu désires que je pose encore devant toi comme l'autre jour, reprit-elle d'un petit air boudeur, je n'y consentirai plus jamais, car, dans ces moments-là, tes yeux ne me disent plus rien. Tu ne penses plus à moi, et cependant tu me regardes.

— Aimerais-tu mieux me voir copiant une autre femme?

— Peut-être, dit-elle, si elle était bien laide.

— Eh! bien, reprit Poussin d'un ton sérieux, si pour ma gloire à venir, si pour me faire grand peintre, il fallait aller poser chez un autre?

— Tu veux m'éprouver, dit-elle. Tu sais bien que je n'irais pas.

Le Poussin pencha sa tête sur sa poitrine comme un homme qui succombe à une joie ou à une douleur trop forte pour son âme.

— Écoute, dit-elle en tirant Poussin par la manche de son pourpoint usé, je t'ai dit, Nick, que je donnerai ma vie pour toi: mais je ne t'ai jamais promis, moi vivante, de renoncer à mon amour.

— Y renoncer? s'écria Poussin.

— Si je me montrais ainsi à un autre, tu ne m'aimerais plus. Et, moi-même, je me trouverais indigne de toi. Obéir à tes caprices, n'est-ce pas chose naturelle et simple? Malgré moi, je suis heureuse, et même fière de faire ta chère volonté. Mais pour un autre! fi donc.

— Pardonne, ma Gillette, dit le peintre en se jetant à ses genoux. J'aime mieux être aimé que glorieux. Pour moi, tu es plus belle que la fortune et les honneurs. Va, jette mes pinceaux, brûle ces esquisses. Je me suis trompé. Ma vocation, c'est de t'aimer. Je ne suis pas peintre, je suis amoureux. Périssent et l'art et tous ses secrets!

Elle l'admirait, heureuse, charmée! Elle régnait, elle sentait instinctivement que les arts étaient oubliés pour elle, et jetés à ses pieds comme un grain d'encens.

— Ce n'est pourtant qu'un vieillard, reprit Poussin. Il ne pourra voir que la femme en toi. Tu es si parfaite!

— Il faut bien aimer, s'écria-t-elle prête à sacrifier ses scrupules d'amour pour récompenser son amant de tous les sacrifices qu'il lui faisait. Mais, reprit-elle, ce serait me perdre. Ah! me perdre pour toi. Oui, cela est bien beau! mais tu m'oublieras. Oh! quelle mauvaise pensée as-tu donc eue là!

— Je l'ai eue et je t'aime, dit-il avec une sorte de contrition, mais je suis donc un infâme.

— Consultons le père Hardouin? dit-elle.

— Oh, non! que ce soit un secret entre nous deux.

— Eh! bien, j'irai; mais ne sois pas là, dit-elle. Reste à la porte, armé de ta dague; si je crie, entre et tue le peintre.

Ne voyant plus que son art, le Poussin pressa Gillette dans ses bras.

— Il ne m'aime plus! pensa Gillette quand elle se trouva seule.

Elle se repentait déjà de sa résolution. Mais elle fut bientôt en proie à une épouvante plus cruelle que son repentir, elle s'efforça de chasser une pensée affreuse qui s'élevait dans son cœur. Elle croyait aimer déjà moins le peintre en le soupçonnant moins estimable qu'auparavant.

II

CATHERINE LESCAULT

Trois mois après la rencontre du Poussin et de Porbus, celui-ci vint voir maître Frenhofer. Le vieillard était alors en proie à l'un de ces découragements profonds et spontanés dont la cause est, s'il faut en croire les mathématiciens de la médecine, dans une digestion mauvaise, dans le vent, la chaleur ou quelque empâtement des hypochondres[1]; et, suivant les spiritualistes, dans l'imperfection de notre nature morale. Le bonhomme s'était purement et simplement fatigué à parachever son mystérieux tableau. Il était languissamment assis dans une vaste chaire de chêne sculpté, garnie de cuir noir; et, sans quitter son attitude mélancolique, il lança sur Porbus le regard d'un homme qui s'était établi dans son ennui.

— Eh! bien, maître, lui dit Porbus, l'outremer que vous êtes allé chercher à Bruges était-il mauvais, est-ce que vous n'avez pas su broyer votre nouveau blanc, votre huile est-elle méchante, ou les pinceaux rétifs?

— Hélas! s'écria le vieillard, j'ai cru pendant un moment que mon œuvre était accomplie; mais je me suis, certes, trompé dans quelques détails, et je ne serai tranquille qu'après avoir éclairci mes doutes. Je me décide à voyager

---

[1] Swelling of the abdomen.

et vais aller en Turquie, en Grèce, en Asie pour y chercher un modèle et comparer mon tableau à diverses natures. Peut-être ai-je là-haut, reprit-il en laissant échapper un sourire de contentement, la nature elle-même. Parfois, j'ai quasi peur qu'un souffle ne me réveille cette femme et qu'elle ne disparaisse.

Puis il se leva tout à coup, comme pour partir.

— Oh! oh! répondit Porbus, j'arrive à temps pour vous éviter la dépense et les fatigues du voyage.

— Comment, demanda Frenhofer étonné.

— Le jeune Poussin est aimé par une femme dont l'incomparable beauté se trouve sans imperfection aucune. Mais, mon cher maître, s'il consent à vous la prêter, au moins faudra-t-il nous laisser voir votre toile.

Le vieillard resta debout, immobile, dans un état de stupidité parfaite.

— Comment! s'écria-t-il enfin douloureusement, montrer ma créature, mon épouse? déchirer le voile sous lequel j'ai chastement couvert mon bonheur? Mais ce serait une horrible prostitution! Voilà dix ans que je vis avec cette femme, elle est à moi, à moi seul, elle m'aime. Ne m'a-t-elle pas souri à chaque coup de pinceau que je lui ai donné? elle a une âme, l'âme dont je l'ai douée. Elle rougirait si d'autres yeux que les miens s'arrêtaient sur elle. La faire voir! mais quel est le mari, l'amant assez vil pour conduire sa femme au déshonneur? Quand tu fais un tableau pour la cour, tu n'y mets pas toute ton âme, tu ne vends aux courtisans que des mannequins coloriés. Ma peinture n'est pas une peinture, c'est un sentiment, une passion! Née dans mon atelier, elle doit y rester vierge, et n'en peut sortir que vêtue. La poésie et les femmes ne se livrent nues qu'à leurs amants! Possédons-nous le modèle de Raphaël, l'Angélique de l'Arioste, la Béatrix du Dante? Non! nous n'en voyons que les Formes. Eh! bien, l'œuvre que je tiens là-haut sous mes verrous est une exception dans notre art. Ce n'est pas une toile, c'est une femme! une femme avec laquelle je pleure, je ris, je cause et pense. Veux-tu que tout à coup je quitte un bonheur de dix années

comme on jette un manteau? Que tout à coup je cesse
d'être père, amant et Dieu? Cette femme n'est pas une
créature, c'est une création. Vienne ton jeune homme, je
lui donnerai mes trésors, je lui donnerai des tableaux du
Corrége, de Michel-Ange, du Titien, je baiserai la marque
de ses pas dans la poussière; mais en faire mon rival?
honte à moi! Ha! ha! je suis plus amant encore que je ne
suis peintre. Oui, j'aurai la force de brûler ma Belle-
Noiseuse à mon dernier soupir; mais lui faire supporter le
regard d'un homme, d'un jeune homme, d'un peintre?
non, non! Je tuerais le lendemain celui qui l'aurait
souillée d'un regard! Je te tuerais à l'instant, toi, mon
ami, si tu ne la saluais pas à genoux! Veux-tu maintenant
que je soumette mon idole aux froids regards et aux
stupides critiques des imbéciles? Ah! l'amour est un
mystère, il n'a de vie qu'au fond des cœurs, et tout est
perdu quand un homme dit même à son ami: — Voilà
celle que j'aime!

Le vieillard semblait être redevenu jeune; ses yeux
avaient de l'éclat et de la vie: ses joues pâles étaient
nuancées d'un rouge vif, et ses mains tremblaient. Porbus,
étonné de la violence passionnée avec laquelle ces paroles
furent dites, ne savait que répondre à un sentiment aussi
neuf que profond. Frenhofer était-il raisonnable ou fou?
Se trouvait-il subjugué par une fantaisie d'artiste, ou les
idées qu'il avait exprimées procédaient-elles de ce fanatisme
inexprimable produit en nous par le long enfantement
d'une grande œuvre? Pouvait-on jamais espérer de
transiger avec cette passion bizarre?

En proie à toutes ces pensées, Porbus dit au vieillard:
— Mais n'est-ce pas femme pour femme? Poussin ne
livre-t-il pas sa maîtresse à vos regards?

— Quelle maîtresse? répondit Frenhofer. Elle le trahira
tôt ou tard. La mienne me sera toujours fidèle!

— Eh! bien, reprit Porbus, n'en parlons plus. Mais
avant que vous ne trouviez, même en Asie, une femme
aussi belle, aussi parfaite que celle dont je parle, vous
mourrez peut-être sans avoir achevé votre tableau.

— Oh! il est fini, dit Frenhofer. Qui le verrait, croirait apercevoir une femme couchée sur un lit de velours, sous des courtines. Près d'elle un trépied d'or exhale des parfums. Tu serais tenté de prendre le gland des cordons qui retiennent les rideaux, et il te semblerait voir le sein de *Catherine Lescault*, une belle courtisane appelée *la Belle-Noiseuse*, rendre le mouvement de sa respiration. Cependant je voudrais bien être certain...

— Va donc en Asie, répondit Porbus en apercevant une sorte d'hésitation dans le regard de Frenhofer.

Et Porbus fit quelques pas vers la porte de la salle.

En ce moment, Gillette et Nicolas Poussin étaient arrivés près du logis de Frenhofer. Quand la jeune fille fut sur le point d'y entrer, elle quitta le bras du peintre, et se recula comme si elle eût été saisie par quelque soudain pressentiment.

— Mais que viens-je donc faire ici? demanda-t-elle à son amant d'un son de voix profond et en le regardant d'un œil fixe.

— Gillette, je t'ai laissée maîtresse et veux t'obéir en tout. Tu es ma conscience et ma gloire. Reviens au logis, je serai plus heureux, peut-être, que si tu...

— Suis-je à moi quand tu me parles ainsi? Oh! non, je ne suis plus qu'une enfant. — Allons, ajouta-t-elle en paraissant faire un violent effort, si notre amour périt, et si je mets dans mon cœur un long regret, ta célébrité ne sera-t-elle pas le prix de mon obéissance à tes désirs? Entrons, ce sera vivre encore que d'être toujours comme un souvenir dans ta palette.

En ouvrant la porte de la maison, les deux amants se rencontrèrent avec Porbus qui, surpris par la beauté de Gillette dont les yeux étaient alors pleins de larmes, la saisit toute tremblante, et l'amenant devant le vieillard:

— Tenez, dit-il, ne vaut-elle pas tous les chefs-d'œuvre du monde?

Frenhofer tressaillit. Gillette était là, dans l'attitude naïve et simple d'une jeune Géorgienne innocente et peureuse, ravie et présentée par des brigands à quelque marchand d'esclaves. Une pudique rougeur colorait son visage, elle baissait les yeux, ses mains étaient pendantes à ses côtés, ses forces semblaient l'abandonner, et des larmes protestaient contre la violence faite à sa pudeur. En ce moment, Poussin, au désespoir d'avoir sorti ce beau trésor de son grenier, se maudit lui-même. Il devint plus amant qu'artiste, et mille scrupules lui tournèrent le cœur quand il vit l'œil rajeuni du vieillard, qui, par une habitude de peintre, déshabilla, pour ainsi dire, cette jeune fille en en devinant les formes les plus secrètes. Il revint alors à la féroce jalousie du véritable amour.

— Gillette, partons! s'écria-t-il.

A cet accent, à ce cri, sa maîtresse joyeuse leva les yeux sur lui, le vit, et courut dans ses bras.

— Ah! tu m'aimes donc, répondit-elle en fondant en larmes.

Après avoir eu l'énergie de taire sa souffrance, elle manquait de force pour cacher son bonheur.

— Oh! laissez-la moi pendant un moment, dit le vieux peintre, et vous la comparerez à ma Catherine. Oui, j'y consens.

Il y avait encore de l'amour dans le cri de Frenhofer. Il semblait avoir de la coquetterie pour son semblant de femme, et jouir par avance du triomphe que la beauté de sa vierge allait remporter sur celle d'une vraie jeune fille.

— Ne le laissez pas se dédire, s'écria Porbus en frappant sur l'épaule du Poussin. Les fruits de l'amour passent vite, ceux de l'art sont immortels.

— Pour lui, répondit Gillette en regardant attentivement le Poussin et Porbus, ne suis-je donc pas plus qu'une femme? Elle leva la tête avec fierté; mais quand, après avoir jeté un coup d'œil étincelant à Frenhofer, elle vit son amant occupé à contempler de nouveau le portrait qu'il avait pris naguère pour un Giorgion: — Ah! dit-elle, montons! Il ne m'a jamais regardée ainsi.

— Vieillard, reprit Poussin tiré de sa méditation par la voix de Gillette, vois cette épée, je la plongerai dans ton cœur au premier mot de plainte que prononcera cette jeune fille,

je mettrai le feu à ta maison, et personne n'en sortira.
Comprends-tu?

Nicolas Poussin était sombre, et sa parole fut terrible.
Cette attitude et surtout le geste du jeune peintre con-
solèrent Gillette qui lui pardonna presque de la sacrifier à
la peinture et à son glorieux avenir. Porbus et Poussin
restèrent à la porte de l'atelier, se regardant l'un l'autre
en silence. Si, d'abord, le peintre de la Marie Égyptienne
se permit quelques exclamations: — Ah! elle se déshabille,
il lui dit de se mettre au jour! Il la compare! Bientôt il
se tut à l'aspect du Poussin dont le visage était profondément triste; et, quoique les vieux peintres n'aient plus de
ces scrupules si petits en présence de l'art, il les admira
tant ils étaient naïfs et jolis. Le jeune homme avait la
main sur la garde de sa dague et l'oreille presque collée à
la porte. Tous deux, dans l'ombre et debout, ressemblaient
ainsi à deux conspirateurs attendant l'heure de frapper un
tyran.

— Entrez, entrez, leur dit le vieillard rayonnant de bonheur. Mon œuvre est parfaite, et maintenant je puis la
montrer avec orgueil. Jamais peintre, pinceaux, couleurs,
toile et lumière ne feront une rivale à Catherine Lescault,
la belle courtisane.

En proie à une vive curiosité, Porbus et Poussin coururent au milieu d'un vaste atelier couvert de poussière, où
tout était en désordre, où ils virent çà et là des tableaux
accrochés aux murs. Ils s'arrêtèrent tout d'abord devant
une figure de femme de grandeur naturelle, demi-nue, et
pour laquelle ils furent saisis d'admiration.

— Oh! ne vous occupez pas de cela, dit Frenhofer, c'est
une toile que j'ai barbouillée pour étudier une pose, ce
tableau ne vaut rien. Voilà mes erreurs, reprit-il en leur
montrant de ravissantes compositions suspendues aux
murs, autour d'eux.

A ces mots, Porbus et Poussin, stupéfaits de ce dédain
pour de telles œuvres, cherchèrent le portrait annoncé,
sans réussir à l'apercevoir.

— Eh! bien, le voilà! leur dit le vieillard dont les

cheveux étaient en désordre, dont le visage était enflammé
par une exaltation surnaturelle, dont les yeux pétillaient,
et qui haletait comme un jeune homme ivre d'amour. —
Ah! ah! s'écria-t-il, vous ne vous attendiez pas à tant de
perfection! Vous êtes devant une femme et vous cherchez
un tableau. Il y a tant de profondeur sur cette toile, l'air
y est si vrai, que vous ne pouvez plus le distinguer de l'air
qui nous environne. Où est l'art? perdu, disparu! Voilà
les formes mêmes d'une jeune fille. N'ai-je pas bien saisi
la couleur, le vif de la ligne qui paraît terminer le corps?
N'est-ce pas le même phénomène que nous présentent les
objets qui sont dans l'atmosphère comme les poissons dans
l'eau? Admirez comme les contours se détachent du fond?
Ne semble-t-il pas que vous puissiez passer la main sur ce
dos? Aussi, pendant sept années, ai-je étudié les effets de
l'accouplement du jour et des objets. Et ces cheveux, la
lumière ne les inonde-t-elle pas?...Mais elle a respiré, je
crois!...Ce sein, voyez? Ah! qui ne voudrait l'adorer à
genoux? Les chairs palpitent. Elle va se lever, attendez.

— Apercevez-vous quelque chose? demanda Poussin à
Porbus.

— Non. Et vous?

— Rien.

Les deux peintres laissèrent le vieillard à son extase,
regardèrent si la lumière, en tombant d'aplomb sur la
toile qu'il leur montrait, n'en neutralisait pas tous les
effets. Ils examinèrent alors la peinture en se mettant à
droite, à gauche, de face, en se baissant et se levant tour à
tour.

— Oui, oui, c'est bien une toile, leur disait Frenhofer
en se méprenant sur le but de cet examen scrupuleux.
Tenez, voilà le châssis, le chevalet, enfin voici mes couleurs,
mes pinceaux.

Et il s'empara d'une brosse qu'il leur présenta par un
mouvement naïf.

— Le vieux lansquenet se joue de nous, dit Poussin en
revenant devant le prétendu tableau. Je ne vois là que des
couleurs confusément amassées et contenues par une multi-

tude de lignes bizarres qui forment une muraille de peinture.

— Nous nous trompons, voyez?...reprit Porbus.

En s'approchant, ils aperçurent dans un coin de la toile le bout d'un pied nu qui sortait de ce chaos de couleurs, de tons, de nuances indécises, espèce de brouillard sans forme; mais un pied délicieux, un pied vivant! Ils restèrent pétrifiés d'admiration devant ce fragment échappé à une incroyable, à une lente et progressive destruction. Ce pied apparaissait là comme un torse de quelque Vénus en marbre de Paros qui surgirait parmi les décombres d'une ville incendiée.

— Il y a une femme là-dessous, s'écria Porbus en faisant remarquer à Poussin les diverses superpositions de couleurs dont le vieux peintre avait successivement chargé toutes les parties de cette figure en voulant la perfectionner.

Les deux peintres se tournèrent spontanément vers Frenhofer, en commençant à s'expliquer, mais vaguement, l'extase dans laquelle il vivait.

— Il est de bonne foi, dit Porbus.

— Oui, mon ami, répondit le vieillard en se réveillant, il faut de la foi, de la foi dans l'art, et vivre pendant longtemps avec son œuvre pour produire une création semblable. Quelques-unes de ces ombres m'ont coûté bien des travaux. Tenez, il y a là sur sa joue, au-dessous des yeux, une légère pénombre qui, si vous l'observez dans la nature, vous paraîtra presque intraduisible. Eh! bien, croyez-vous qu'elle ne m'ait pas coûté des peines inouïes à reproduire? Mais aussi, mon cher Porbus, regarde attentivement mon travail, et tu comprendras mieux ce que je te disais sur la manière de traiter le modelé et les contours. Regarde la lumière du sein, et vois comme, par une suite de touches et de *rehauts* fortement empâtés, je suis parvenu à accrocher la véritable lumière et à la combiner avec la blancheur luisante des tons éclairés; et comme par un travail contraire, en effaçant les saillies et le grain de la pâte, j'ai pu, à force de caresser le contour de ma figure, noyé dans une demi-teinte, ôter jusqu'à l'idée de dessin et de moyens artificiels, et lui donner l'aspect et la rondeur même de la nature. Approchez, vous verrez mieux ce travail. De loin, il disparaît. Tenez? là il est, je crois, très remarquable.

Et du bout de sa brosse, il désignait aux deux peintres un pâté de couleur claire.

Porbus frappa sur l'épaule du vieillard en se tournant vers Poussin: — Savez-vous que nous voyons en lui un bien grand peintre? dit-il.

— Il est encore plus poète que peintre, répondit gravement Poussin.

— Là, reprit Porbus en touchant la toile, finit notre art sur terre.

— Et, de là, il va se perdre dans les cieux, dit Poussin.

— Combien de jouissance sur ce morceau de toile! s'écria Porbus.

Le vieillard absorbé ne les écoutait pas, et souriait à cette femme imaginaire.

— Mais, tôt ou tard, il s'apercevra qu'il n'y a rien sur sa toile, s'écria Poussin.

— Rien sur ma toile, dit Frenhofer en regardant tour à tour les deux peintres et son prétendu tableau.

— Qu'avez-vous fait! répondit Porbus à Poussin.

Le vieillard saisit avec force le bras du jeune homme et lui dit: — Tu ne vois rien, manant! maheustre[1]! bélître! Pourquoi donc es-tu monté ici? — Mon bon Porbus, reprit-il en se tournant vers le peintre, est-ce que, vous aussi, vous vous joueriez de moi? répondez! je suis votre ami, dites, aurais-je donc gâté mon tableau?

Porbus, indécis, n'osa rien dire; mais l'anxiété peinte sur la physionomie blanche du vieillard était si cruelle, qu'il montra la toile en disant: — Voyez!

Frenhofer contempla son tableau pendant un moment et chancela.

— Rien, rien! Et avoir travaillé dix ans!

[1] Heretic. A name given to the Huguenot soldiers by the Leaguers. A well-known pamphlet of the period is entitled *Dialogues d'entre le Maheustre et le Manant.*

Il s'assit et pleura.

— Je suis donc un imbécile, un fou! je n'ai donc ni talent, ni capacité, je ne suis plus qu'un homme riche qui, en marchant, ne fait que marcher! Je n'aurai donc rien produit!

Il contempla sa toile à travers ses larmes, il se releva tout à coup avec fierté, et jeta sur les deux peintres un regard étincelant.

— Par le sang, par le corps, par la tête du Christ, vous êtes des jaloux qui voulez me faire croire qu'elle est gâtée pour me la voler! Moi, je la vois! cria-t-il, est-elle merveilleusement belle.

En ce moment, Poussin entendit les pleurs de Gillette, oubliée dans un coin.

— Qu'as-tu, mon ange? lui demanda le peintre redevenu subitement amoureux.

— Tue-moi! dit-elle. Je serais une infâme de t'aimer encore, car je te méprise. Je t'admire, et tu me fais horreur. Je t'aime et je crois que je te hais déjà.

Pendant que Poussin écoutait Gillette, Frenhofer recouvrait sa Catherine d'une serge verte, avec la sérieuse tranquillité d'un joaillier qui ferme ses tiroirs en se croyant en compagnie d'adroits larrons. Il jeta sur les deux peintres un regard profondément sournois, plein de mépris et de soupçon, les mit silencieusement à la porte de son atelier, avec une promptitude convulsive. Puis, il leur dit sur le seuil de son logis: — Adieu, mes petits amis.

Cet adieu glaça les deux peintres. Le lendemain, Porbus inquiet, revint voir Frenhofer, et apprit qu'il était mort dans la nuit, après avoir brûlé ses toiles.

L'AUBERGE ROUGE

Balzac's sister, Mme Surville, says that this story was told him by a retired army surgeon, Balzac adding the *dénouement*. It first appeared in the *Revue de Paris* for August, 1831, then in *Nouveaux Contes philosophiques*, 1832. Taillefer figures in *La Peau de Chagrin*, *Le Père Goriot*, and *La Maison Nucingen*, and his daughter Victorine in *Le Père Goriot*, as an inmate of the Pension Vauquer.

EN je ne sais quelle année, un banquier de Paris, qui avait des relations commerciales très étendues en Allemagne, fêtait un de ces amis, longtemps inconnus, que les négociants se font de place en place, par correspondance. Cet ami, chef de je ne sais quelle maison assez importante de Nuremberg, était un bon gros Allemand, homme de goût et d'érudition, homme de pipe surtout, ayant une belle, une large figure nurembergeoise, au front carré, bien découvert, et décoré de quelques cheveux blonds assez rares. Il offrait le type des enfants de cette pure et noble Germanie, si fertile en caractères honorables, et dont les paisibles mœurs ne se sont jamais démenties, même après sept invasions. L'étranger riait avec simplesse, écoutait attentivement, et buvait remarquablement bien, en paraissant aimer le vin de Champagne autant peut-être que les vins paillés[1] du Johannisberg. Il se nommait Hermann, comme presque tous les Allemands mis en scène par les auteurs. En homme qui ne sait rien faire légèrement, il était bien assis à la table du banquier, mangeait avec ce tudesque appétit si célèbre en Europe, et disait un adieu consciencieux à la cuisine du grand CARÊME. Pour faire honneur à son hôte, le maître du logis avait convié quelques amis intimes, capitalistes ou commerçants, plusieurs femmes aimables, jolies, dont le gracieux babil et les manières franches étaient en harmonie avec la cordialité germanique. Vraiment, si vous aviez pu voir, comme j'en eus le plaisir, cette joyeuse réunion de gens qui avaient

---

[1] Straw-coloured.

rentré leurs griffes commerciales pour spéculer sur les plaisirs de la vie, il vous eût été difficile de haïr les escomptes usuraires ou de maudire les faillites. L'homme ne peut pas toujours mal faire. Aussi, même dans la société des pirates, doit-il se rencontrer quelques heures douces pendant lesquelles vous croyez être, dans leur sinistre vaisseau, comme sur une escarpolette.

— Avant de nous quitter, monsieur Hermann va nous raconter encore, je l'espère, une histoire allemande qui nous fasse bien peur.

Ces paroles furent prononcées au dessert par une jeune personne pâle et blonde qui, sans doute, avait lu les contes d'Hoffmann et les romans de Walter Scott[1]. C'était la fille unique du banquier, ravissante créature dont l'éducation s'achevait au Gymnase, et qui raffolait des pièces qu'on y joue. En ce moment les convives se trouvaient dans cette heureuse disposition de paresse et de silence où nous met un repas exquis, quand nous avons un peu trop présumé de notre puissance digestive. Le dos appuyé sur sa chaise, le poignet légèrement soutenu par le bord de la table, chaque convive jouait indolemment avec la lame dorée de son couteau. Quand un dîner arrive à ce moment de déclin, certaines gens tourmentent le pépin d'une poire; d'autres roulent une mie de pain entre le pouce et l'index; les amoureux tracent des lettres informes avec les débris des fruits; les avares comptent leurs noyaux et les rangent sur leur assiette comme un dramaturge dispose ses comparses au fond d'un théâtre. C'est de petites félicités gastronomiques dont n'a pas tenu compte dans son livre Brillat-Savarin, auteur si complet d'ailleurs. Les valets avaient disparu. Le dessert était comme une escadre après le combat, tout désemparé, pillé, flétri. Les plats erraient sur la table, malgré l'obstination avec laquelle la maîtresse du logis essayait de les faire remettre en place. Quelques personnes regardaient des vues de Suisse symétriquement accrochées sur les parois grises de la salle à manger. Nul

---

[1] Hoffmann's tales and Scott's novels were much read and imitated in France in the Romantic period.

convive ne s'ennuyait. Nous ne connaissons point d'homme qui se soit encore attristé pendant la digestion d'un bon dîner. Nous aimons alors à rester dans je ne sais quel calme, espèce de juste milieu entre la rêverie du penseur et la satisfaction des animaux ruminants qu'il faudrait appeler la mélancolie matérielle de la gastronomie. Aussi les convives se tournèrent-ils spontanément vers le bon Allemand, enchantés tous d'avoir une ballade à écouter, fût-elle même sans intérêt. Pendant cette bénoîte pause, la voix d'un conteur semble toujours délicieuse à nos sens engourdis, elle en favorise le bonheur négatif. Chercheur de tableaux, j'admirais ces visages égayés par un sourire, éclairés par les bougies, et que la bonne chère avait empourprés; leurs expressions diverses produisaient de piquants effets à travers les candélabres, les corbeilles en porcelaine, les fruits et les cristaux.

Mon imagination fut tout à coup saisie par l'aspect du convive qui se trouvait précisément en face de moi. C'était un homme de moyenne taille, assez gras, rieur qui avait la tournure, les manières d'un agent de change, et qui paraissait n'être doué que d'un esprit fort ordinaire, je ne l'avais pas encore remarqué; en ce moment, sa figure, sans doute assombrie par un faux jour, me parut avoir changé de caractère; elle était devenue terreuse; des teintes violâtres la sillonnaient. Vous eussiez dit de la tête cadavérique d'un agonisant. Immobile comme les personnages peints dans un Diorama, ses yeux hébétés restaient fixés sur les étincelantes facettes d'un bouchon de cristal; mais il ne les comptait certes pas, et semblait abîmé dans quelque contemplation fantastique de l'avenir ou du passé. Quand j'eus longtemps examiné cette face équivoque, elle me fit penser: — Souffre-t-il? me dis-je. A-t-il trop bu? Est-il ruiné par la baisse des fonds publics? Songe-t-il à jouer ses créanciers?

— Voyez! dis-je à ma voisine en lui montrant le visage de l'inconnu, n'est-ce pas une faillite en fleur?

— Oh! me répondit-elle, il serait plus gai. Puis hochant gracieusement la tête, elle ajouta: — Si celui-là se ruine

jamais, je l'irai dire à Pékin! Il possède un million en
fonds de terre! C'est un ancien fournisseur des armées
impériales, un bon homme assez original. Il s'est remarié
par spéculation, et rend néanmoins sa femme extrême-
ment heureuse. Il a une jolie fille que, pendant fort longtemps, il n'a pas voulu reconnaître; mais la mort de son
fils, tué malheureusement en duel, l'a contraint à la prendre
avec lui, car il ne pouvait plus avoir d'enfants. La pauvre
fille est ainsi devenue tout à coup une des plus riches
héritières de Paris. La perte de son fils unique a plongé ce
cher homme dans un chagrin qui reparaît quelquefois.

En ce moment, le fournisseur leva les yeux sur moi; son
regard me fit tressaillir, tant il était sombre et pensif!
Assurément ce coup d'œil résumait toute une vie. Mais
tout à coup sa physionomie devint gaie: il prit le bouchon
de cristal, le mit, par un mouvement machinal, à une
carafe pleine d'eau qui se trouvait devant son assiette, et
tourna la tête vers monsieur Hermann en souriant. Cet
homme, béatifié par ses jouissances gastronomiques,
n'avait sans doute pas deux idées dans la cervelle, et ne
songeait à rien. Aussi eus-je en quelque sorte, honte de
prodiguer ma science divinatoire *in anima vili* d'un épais
financier. Pendant que je faisais, en pure perte, des observations phrénologiques, le bon Allemand s'était lesté le
nez d'une prise de tabac, et commençait son histoire. Il
me serait assez difficile de la reproduire dans les mêmes
termes, avec ses interruptions fréquentes et ses digressions
verbeuses. Aussi l'ai-je écrite à ma guise, laissant les fautes
au Nurembergeois, et m'emparant de ce qu'elle peut avoir
de poétique et d'intéressant, avec la candeur des écrivains
qui oublient de mettre au titre de leurs livres: *traduit de
l'allemand.*

L'IDÉE ET LE FAIT

— Vers la fin de vendémiaire, an VII, époque républicaine qui, dans le style actuel, correspond au 20 octobre
1799, deux jeunes gens, partis de Bonn dès le matin,
étaient arrivés à la chute du jour aux environs d'Ander-

nach, petite ville située sur la rive gauche du Rhin, à quelques lieues de Coblentz. En ce moment, l'armée française commandée par le général Augereau[1] manœuvrait en présence des Autrichiens, qui occupaient la rive droite du fleuve. Le quartier général de la division républicaine était à Coblentz, et l'une des demi-brigades appartenant au corps d'Augereau se trouvait cantonnée à Andernach. Les deux voyageurs étaient Français. A voir leurs uniformes bleus mélangés de blanc, à parements de velours rouge, leurs sabres, surtout le chapeau couvert d'une toile cirée verte, et orné d'un plumet tricolore, les paysans allemands eux-mêmes auraient reconnu des chirurgiens militaires, hommes de science et de mérite, aimés pour la plupart, non seulement à l'armée, mais encore dans les pays envahis par nos troupes. A cette époque, plusieurs enfants de famille arrachés à leur stage médical par la récente loi sur la conscription due au général Jourdan, avaient naturellement mieux aimé continuer leurs études sur le champ de bataille que d'être astreints au service militaire, peu en harmonie avec leur éducation première et leurs paisibles destinées. Hommes de science, pacifiques et serviables, ces jeunes gens faisaient quelque bien au milieu de tant de malheurs, et sympathisaient avec les érudits des diverses contrées par lesquelles passait la cruelle civilisation de la République. Armés, l'un et l'autre d'une feuille de route et munis d'une commission de *sous-aide* signée Coste et Bernadotte[2], ces deux jeunes gens se rendaient à la demi-brigade à laquelle ils étaient attachés. Tous deux appartenaient à des familles bourgeoises de Beauvais médiocrement riches, mais où les mœurs douces et la loyauté des provinces se transmettaient comme une

---

[1] Augereau's most brilliant exploit was his victory over the Austrian vanguard at Castiglione, near Lake Garda (August 3, 1796). Sent to Paris by Bonaparte he carried out the *coup d'état* of the 18th Fructidor, 1797. During the following winter, 1797–1798, he commanded the army of the Rhine, but he had given up his command before 1799.

[2] Jean-François Coste, the distinguished physician and writer on medicine, was at this time Chief Physician at the hospital of Les Invalides, and Bernadotte, the future Charles XIV of Sweden, was Minister of War.

partie de l'héritage. Amenés sur le théâtre de la guerre avant l'époque indiquée pour leur entrée en fonctions, par une curiosité bien naturelle aux jeunes gens, ils avaient voyagé par la diligence jusqu'à Strasbourg. Quoique la prudence maternelle ne leur eût laissé emporter qu'une faible somme, ils se croyaient riches en possédant quelques louis, véritable trésor dans un temps où les assignats étaient arrivés au dernier degré d'avilissement, et où l'or valait beaucoup d'argent. Les deux sous-aides, âgés de vingt ans au plus, obéirent à la poésie de leur situation avec tout l'enthousiasme de la jeunesse. De Strasbourg à Bonn, ils avaient visité l'Électorat et les rives du Rhin en artistes, en philosophes, en observateurs. Quand nous avons une destinée scientifique, nous sommes à cet âge des êtres véritablement multiples. Même en faisant l'amour, ou en voyageant, un sous-aide doit thésauriser les rudiments de sa fortune ou de sa gloire à venir. Les deux jeunes gens s'étaient donc abandonnés à cette admiration profonde dont sont saisis les hommes instruits à l'aspect des rives du Rhin et des paysages de la Souabe, entre Mayence et Cologne; nature forte, riche, puissamment accidentée, pleine de souvenirs féodaux, verdoyante, mais qui garde en tous lieux les empreintes du fer et du feu. Louis XIV et Turenne ont cautérisé cette ravissante contrée. Çà et là, des ruines attestent l'orgueil, ou peut-être la prévoyance du roi de Versailles qui fit abattre les admirables châteaux dont était jadis ornée cette partie de l'Allemagne. En voyant cette terre merveilleuse, couverte de forêts, et où le pittoresque du moyen âge abonde, mais en ruines, vous concevez le génie allemand, ses rêveries et son mysticisme. Cependant le séjour des deux amis à Bonn avait un but de science et de plaisir tout à la fois. Le grand hôpital de l'armée gallo-batave et de la division d'Augereau était établi dans le palais même de l'Électeur. Les sous-aides de fraîche date y étaient donc allés voir des camarades, remettre des lettres de recommandation à leurs chefs, et s'y familiariser avec les premières impressions de leur métier. Mais aussi, là, comme ailleurs, ils dépouillèrent quelques-uns de ces préjugés exclusifs auxquels nous restons si longtemps fidèles en faveur des monuments et des beautés de notre pays natal. Surpris à l'aspect des colonnes de marbre dont est orné le palais électoral, ils allèrent admirant le grandiose des constructions allemandes, et trouvèrent à chaque pas de nouveaux trésors antiques ou modernes. De temps en temps, les chemins dans lesquels erraient les deux amis en se dirigeant vers Andernach les amenaient sur le piton d'une montagne de granit plus élevée que les autres. Là, par une découpure de la forêt, par une anfractuosité des rochers, ils apercevaient quelque vue du Rhin encadrée dans le grès ou festonnée par de vigoureuses végétations. Les vallées, les sentiers, les arbres exhalaient cette senteur automnale qui porte à la rêverie; les cimes des bois commençaient à se dorer, à prendre des tons chauds et bruns, signes de vieillesse; les feuilles tombaient, mais le ciel était encore d'un bel azur, et les chemins, secs, se dessinaient comme des lignes jaunes dans le paysage, alors éclairé par les obliques rayons du soleil couchant. A une demi-lieue d'Andernach, les deux amis marchèrent au milieu d'un profond silence, comme si la guerre ne dévastait pas ce beau pays, et suivirent un chemin pratiqué pour les chèvres à travers les hautes murailles de granit bleuâtre entre lesquelles le Rhin bouillonne. Bientôt ils descendirent par un des versants de la gorge au fond de laquelle se trouve la petite ville, assise avec coquetterie au bord du fleuve, où elle offre un joli port aux mariniers. — L'Allemagne est un bien beau pays, s'écria l'un des deux jeunes gens, nommé Prosper Magnan, à l'instant où il entrevit les maisons peintes d'Andernach, pressées comme des œufs dans un panier, séparées par des arbres, par des jardins et des fleurs. Puis il admira pendant un moment les toits pointus à solives saillantes, les escaliers de bois, les galeries de mille habitations paisibles, et les barques balancées par les flots dans le port...

Au moment où monsieur Hermann prononça le nom de Prosper Magnan, le fournisseur saisit la carafe, se versa de l'eau dans son verre, et le vida d'un trait. Ce mouvement ayant attiré mon attention, je crus remarquer un léger tremblement dans ses mains et de l'humidité sur le front du capitaliste.

— Comment se nomme l'ancien fournisseur? demandai-je à ma complaisante voisine.

— Taillefer, me répondit-elle.

— Vous trouvez-vous indisposé? m'écriai-je en voyant pâlir ce singulier personnage.

— Nullement, dit-il en me remerciant par un geste de politesse. J'écoute, ajouta-t-il en faisant un signe de tête aux convives, qui le regardèrent tous simultanément.

— J'ai oublié, dit monsieur Hermann, le nom de l'autre jeune homme. Seulement, les confidences de Prosper Magnan m'ont appris que son compagnon était brun, assez maigre et jovial. Si vous le permettez, je l'appellerai Wilhem, pour donner plus de clarté au récit de cette histoire.

Le bon Allemand reprit sa narration après avoir ainsi, sans respect pour le romantisme et la couleur locale, baptisé le sous-aide français d'un nom germanique.

— Au moment où les deux jeunes gens arrivèrent à Andernach, il était donc nuit close. Présumant qu'ils perdraient beaucoup de temps à trouver leurs chefs, à s'en faire reconnaître, à obtenir d'eux un gîte militaire dans une ville déjà pleine de soldats, ils avaient résolu de passer leur dernière nuit de liberté dans une auberge située à une centaine de pas d'Andernach, et de laquelle ils avaient admiré, du haut des rochers, les riches couleurs embellies par les feux du soleil couchant. Entièrement peinte en rouge, cette auberge produisait un piquant effet dans le paysage, soit en se détachant sur la masse générale de la ville, soit en opposant son large rideau de pourpre à la verdure des différents feuillages, et sa teinte vive aux tons grisâtres de l'eau. Cette maison devait son nom à la décoration extérieure qui lui avait été sans doute imposée depuis un temps immémorial par le caprice de son fondateur. Une superstition mercantile assez naturelle aux différents possesseurs de ce logis, renommé parmi les mariniers du Rhin, en avait fait soigneusement conserver le costume. En entendant le pas des chevaux, le maître de *l'Auberge rouge* vint sur le seuil de la porte. — Par Dieu, s'écria-t-il, messieurs, un peu plus tard vous auriez été forcés de coucher à la belle étoile, comme la plupart de vos compatriotes qui bivouaquent de l'autre côté d'Andernach. Chez moi, tout est occupé! Si vous tenez à coucher dans un bon lit, je n'ai plus que ma propre chambre à vous offrir. Quant à vos chevaux, je vais leur faire mettre une litière dans un coin de la cour. Aujourd'hui, mon écurie est pleine de chrétiens. — Ces messieurs viennent de France? reprit-il après une légère pause. — De Bonn, s'écria Prosper. Et nous n'avons encore rien mangé depuis ce matin. — Oh! quant aux vivres! dit l'aubergiste en hochant la tête, on vient de dix lieues à la ronde faire des noces à *l'Auberge rouge*. Vous allez avoir un festin de prince, le poisson du Rhin! c'est tout dire. Après avoir confié leurs montures fatiguées aux soins de l'hôte, qui appelait assez inutilement ses valets, les sous-aides entrèrent dans la salle commune de l'auberge. Les nuages épais et blanchâtres exhalés par une nombreuse assemblée de fumeurs ne leur permirent pas de distinguer d'abord les gens avec lesquels ils allaient se trouver; mais lorsqu'ils se furent assis près d'une table, avec la patience pratique de ces voyageurs philosophes qui ont reconnu l'inutilité du bruit, ils démêlèrent, à travers les vapeurs du tabac, les accessoires obligés d'une auberge allemande: le poêle, l'horloge, les tables, les pots de bière, les longues pipes; çà et là des figures hétéroclites, juives, allemandes; puis les visages rudes de quelques mariniers. Les épaulettes de plusieurs officiers français étincelaient dans ce brouillard, et le cliquetis des éperons et des sabres retentissait incessamment sur le carreau. Les uns jouaient aux cartes, d'autres se disputaient, se taisaient, man-geaient, buvaient ou se promenaient. Une grosse petite femme, ayant le bonnet de velours noir, la pièce d'estomac bleu et argent, la pelote[1], le trousseau de clefs, l'agrafe

---

[1] Pin-cushion.

d'argent, les cheveux tressés, marques distinctives de toutes les maîtresses d'auberges allemandes, et dont le costume est, d'ailleurs, si exactement colorié dans une foule d'estampes, qu'il est trop vulgaire pour être décrit, la femme de l'aubergiste donc, fit patienter et impatienter les deux amis avec une habileté fort remarquable. Insensiblement le bruit diminua, les voyageurs se retirèrent, et le nuage de fumée se dissipa. Lorsque le couvert des sous-aides fut mis, que la classique carpe du Rhin parut sur la table, onze heures sonnaient, et la salle était vide. Le silence de la nuit laissait entendre vaguement, et le bruit que faisaient les chevaux en mangeant leur provende ou en piaffant, et le murmure des eaux du Rhin, et ces espèces de rumeurs indéfinissables qui animent une auberge pleine quand chacun s'y couche. Les portes et les fenêtres s'ouvraient et se fermaient, des voix murmuraient de vagues paroles, et quelques interpellations retentissaient dans les chambres. En ce moment de silence et de tumulte, les deux Français, et l'hôte occupé à leur vanter Andernach, le repas, son vin du Rhin, l'armée républicaine et sa femme, écoutèrent avec une sorte d'intérêt les cris rauques de quelques mariniers et les bruissements d'un bateau qui abordait au port. L'aubergiste, familiarisé sans doute avec les interrogations gutturales de ces bateliers, sortit précipitamment, et revint bientôt. Il ramena un gros petit homme derrière lequel marchaient deux mariniers portant une lourde valise et quelques ballots. Ses paquets déposés dans la salle, le petit homme prit lui-même sa valise et la garda près de lui, en s'asseyant sans cérémonie à table devant les deux sous-aides. — Allez coucher à votre bateau, dit-il aux mariniers, puisque l'auberge est pleine. Tout bien considéré, cela vaudra mieux. — Monsieur, dit l'hôte au nouvel arrivé, voilà tout ce qui me reste de provisions. Et il montrait le souper servi aux deux Français. — Je n'ai pas une croûte de pain, pas un os. — Et de la choucroute? — Pas de quoi mettre dans le dé de ma femme! Comme j'ai eu l'honneur de vous le dire, vous ne pouvez avoir d'autre lit que la chaise sur laquelle vous êtes, et d'autre chambre que cette salle. A ces mots, le petit homme jeta sur l'hôte, sur la salle et sur les deux Français, un regard où la prudence et l'effroi se peignirent également.

— Ici je dois vous faire observer, dit monsieur Hermann en s'interrompant, que nous n'avons jamais su ni le véritable nom ni l'histoire de cet inconnu : seulement, ses papiers ont appris qu'il venait d'Aix-la-Chapelle ; il avait pris le nom de Walhenfer, et possédait aux environs de Neuwied une manufacture d'épingles assez considérable. Comme tous les fabricants de ce pays, il portait une redingote de drap commun, une culotte et un gilet en velours vert foncé, des bottes et une large ceinture de cuir. Sa figure était toute ronde, ses manières franches et cordiales ; mais pendant cette soirée il lui fut très difficile de déguiser entièrement des appréhensions secrètes ou peut-être de cruels soucis. L'opinion de l'aubergiste a toujours été que ce négociant allemand fuyait son pays. Plus tard, j'ai su que sa fabrique avait été brûlée par un de ces hasards malheureusement si fréquents en temps de guerre. Malgré son expression généralement soucieuse, sa physionomie annonçait une grande bonhomie. Il avait de beaux traits, et surtout un large cou dont la blancheur était si bien relevée par une cravate noire, que Wilhem le montra par raillerie à Prosper...

Ici, monsieur Taillefer but un verre d'eau.

— Prosper offrit avec courtoisie au négociant de partager leur souper, et Walhenfer accepta sans façon, comme un homme qui se sentait en mesure de reconnaître cette politesse ; il coucha sa valise à terre, mit ses pieds dessus, ôta son chapeau, s'attabla, se débarrassa de ses gants et de deux pistolets qu'il avait à sa ceinture. L'hôte ayant promptement donné un couvert, les trois convives commencèrent à satisfaire assez silencieusement leur appétit. L'atmosphère de la salle était si chaude et les mouches si nombreuses, que Prosper pria l'hôte d'ouvrir la croisée qui donnait sur la porte, afin de renouveler l'air. Cette fenêtre était barricadée par une barre de fer dont les deux bouts entraient dans des trous pratiqués aux deux coins de l'embrasure. Pour plus de sécurité, deux écrous, attachés à chacun des volets, recevaient deux vis. Par hasard, Prosper examina la manière dont s'y prenait l'hôte pour ouvrir la fenêtre.

— Mais, puisque je vous parle des localités, nous dit monsieur Hermann, je dois vous dépeindre les dispositions intérieures de l'auberge; car, de la connaissance exacte des lieux, dépend l'intérêt de cette histoire. La salle où se trouvaient les trois personnages dont je vous parle avait deux portes de sortie. L'une donnait sur le chemin d'Andernach qui longe le Rhin. Là, devant l'auberge, se trouvait naturellement un petit débarcadère où le bateau, loué par le négociant pour son voyage, était amarré. L'autre porte avait sa sortie sur la cour de l'auberge. Cette cour était entourée de murs très élevés, et remplie, pour le moment, de bestiaux et de chevaux, les écuries étant pleines de monde. La grande porte venait d'être si soigneusement barricadée, que, pour plus de promptitude, l'hôte avait fait entrer le négociant et les mariniers par la porte de la salle qui donnait sur la rue. Après avoir ouvert la fenêtre, selon le désir de Prosper Magnan, il se mit à fermer cette porte, glissa les barres dans leurs trous, et vissa les écrous. La chambre de l'hôte, où devaient coucher les deux sous-aides, était contiguë à la salle commune, et se trouvait séparée par un mur assez léger de la cuisine, où l'hôtesse et son mari devaient probablement passer la nuit. La servante venait de sortir, et d'aller chercher son gîte dans quelque crèche, dans le coin d'un grenier, ou partout ailleurs. Il est facile de comprendre que la salle commune, la chambre de l'hôte et la cuisine, étaient en quelque sorte isolées du reste de l'auberge. Il y avait dans la cour deux gros chiens, dont les aboiements graves annonçaient des gardiens vigilants et très irritables. — Quel silence et quelle belle nuit ! dit Wilhem en regardant le ciel, lorsque l'hôte eut fini de fermer la porte. Alors le clapotis des flots était le seul bruit qui se fît entendre. — Messieurs, dit le négociant aux deux Français, permettez-moi de vous offrir quelques bouteilles de vin pour arroser votre carpe. Nous nous délasserons de la fatigue de la journée en buvant. A votre air et à l'état de vos vêtements, je vois que, comme moi, vous avez bien fait du chemin aujourd'hui. Les deux amis acceptèrent, et l'hôte sortit par la porte de la cuisine pour aller à sa cave, sans doute située sous cette partie du bâtiment. Lorsque cinq vénérables bouteilles, apportées par l'aubergiste, furent sur la table, sa femme achevait de servir le repas. Elle donna à la salle et aux mets son coup d'œil de maîtresse de maison; puis, certaine d'avoir prévenu toutes les exigences des voyageurs, elle rentra dans la cuisine. Les quatre convives, car l'hôte fut invité à boire, ne l'entendirent pas se coucher; mais, plus tard, pendant les intervalles de silence qui séparèrent les causeries des buveurs, quelques ronflements très accentués, rendus encore plus sonores par les planches creuses de la soupente où elle s'était nichée, firent sourire les amis, et surtout l'hôte. Vers minuit, lorsqu'il n'y eut plus sur la table que des biscuits, du fromage, des fruits secs et du bon vin, les convives, principalement les deux jeunes Français, devinrent communicatifs. Ils parlèrent de leur pays, de leurs études, de la guerre. Enfin, la conversation s'anima. Prosper Magnan fit venir quelques larmes dans les yeux du négociant fugitif, quand, avec cette franchise picarde et la naïveté d'une nature bonne et tendre, il supposa ce que devait faire sa mère au moment où il se trouvait, lui, sur les bords du Rhin. — Je la vois, disait-il, lisant sa prière du soir avant de se coucher! Elle ne m'oublie certes pas, et doit se demander: — Où est-il, mon pauvre Prosper? Mais si elle a gagné au jeu quelques sous à sa voisine,—à ta mère, peut-être, ajouta-t-il en poussant le coude de Wilhem, elle va les mettre dans le grand pot de terre rouge où elle amasse la somme nécessaire à l'acquisition des trente arpents enclavés dans son petit domaine de Lescheville. Ces trente arpents valent bien environ soixante mille francs. Voilà de bonnes prairies. Ah! si je les avais un jour, je vivrais toute ma vie à Lescheville, sans ambition! Combien de fois mon père a-t-il désiré ces trente arpents et le joli ruisseau qui

serpente dans ces prés-là ! Enfin, il est mort sans pouvoir
les acheter. J'y ai bien souvent joué ! — Monsieur Walhenfer, n'avez-vous pas aussi votre *hoc erat in votis?* demanda Wilhem. — Oui, monsieur, oui ! mais il était tout
venu, et, maintenant...Le bonhomme garda le silence,
sans achever sa phrase. — Moi, dit l'hôte dont le visage
s'était légèrement empourpré, j'ai, l'année dernière, acheté
un clos que je désirais avoir depuis dix ans. Ils causèrent
ainsi en gens dont la langue était déliée par le vin, et
prirent les uns pour les autres cette amitié passagère de
laquelle nous sommes peu avares en voyage, en sorte qu'au
moment où ils allèrent se coucher, Wilhem offrit son lit au
négociant. — Vous pouvez d'autant mieux l'accepter, lui
dit-il, que je puis coucher avec Prosper. Ce ne sera, certes,
ni la première ni la dernière fois. Vous êtes notre doyen,
nous devons honorer la vieillesse ! — Bah ! dit l'hôte, le lit
de ma femme a plusieurs matelas, vous en mettrez un par
terre. Et il alla fermer la croisée, en faisant le bruit que
comportait cette prudente opération. — J'accepte, dit le
négociant. J'avoue, ajouta-t-il en baissant la voix et regardant les deux amis, que je le désirais. Mes bateliers me
semblent suspects. Pour cette nuit, je ne suis pas fâché
d'être en compagnie de deux braves et bons jeunes gens,
de deux militaires français ! J'ai cent mille francs en or et
en diamants dans ma valise ! L'affectueuse réserve avec
laquelle cette imprudente confidence fut reçue par les deux
jeunes gens rassura le bon Allemand. L'hôte aida ses
voyageurs à défaire un des lits. Puis, quand tout fut
arrangé pour le mieux, il leur souhaita le bonsoir et alla se
coucher. Le négociant et les deux sous-aides plaisantèrent
sur la nature de leurs oreillers. Prosper mettait sa trousse
d'instruments et celle de Wilhem sous son matelas, afin de
l'exhausser et de remplacer le traversin qui lui manquait,
au moment où, par un excès de prudence, Walhenfer plaçait
sa valise sous son chevet. — Nous dormirons tous deux
sur notre fortune : vous, sur votre or ; moi sur ma trousse !
Reste à savoir si mes instruments me vaudront autant d'or
que vous en avez acquis. — Vous pouvez l'espérer, dit le

négociant. Le travail et la probité viennent à bout de tout, mais ayez de la patience. Bientôt Walhenfer et Wilhem s'endormirent. Soit que son lit fût trop dur, soit que son extrême fatigue fût une cause d'insomnie, soit par une fatale disposition d'âme, Prosper Magnan resta éveillé. Ses pensées prirent insensiblement une mauvaise pente. Il songea très exclusivement aux cent mille francs sur lesquels dormait le négociant. Pour lui, cent mille francs étaient une immense fortune toute venue. Il commença par les employer de mille manières différentes, en faisant des châteaux en Espagne, comme nous en faisons tous avec tant de bonheur pendant le moment qui précède notre sommeil, à cette heure où les images naissent confuses dans notre entendement, et où souvent, par le silence de la nuit, la pensée acquiert une puissance magique. Il comblait les vœux de sa mère, il achetait les trente arpents de prairie, il épousait une demoiselle de Beauvais à laquelle la disproportion de leurs fortunes lui défendait d'aspirer en ce moment. Il s'arrangeait avec cette somme toute une vie de délices et se voyait heureux, père de famille, riche, considéré dans sa province, et peut-être maire de Beauvais. Sa tête picarde s'enflammant, il chercha les moyens de changer ses fictions en réalités. Il mit une chaleur extraordinaire à combiner un crime en théorie. Tout en rêvant la mort du négociant, il voyait distinctement l'or et les diamants. Il en avait les yeux éblouis. Son cœur palpitait. La délibération était déjà sans doute un crime. Fasciné par cette masse d'or, il s'enivra moralement par des raisonnements assassins. Il se demanda si ce pauvre Allemand avait bien besoin de vivre, et supposa qu'il n'avait jamais existé. Bref, il conçut le crime de manière à en assurer l'impunité. L'autre rive du Rhin était occupée par les Autrichiens; il y avait au bas des fenêtres une barque et des bateliers; il pouvait couper le cou de cet homme, le jeter dans le Rhin, se sauver par la croisée avec la valise, offrir de l'or aux mariniers, et passer en Autriche. Il alla jusqu'à calculer le degré d'adresse qu'il avait su acquérir en se servant de ses instruments de chirurgie, afin de trancher la tête de sa victime de manière à ce qu'elle ne poussât pas un seul cri...

Là monsieur Taillefer s'essuya le front et but encore un peu d'eau.

— Prosper se leva lentement et sans faire aucun bruit. Certain de n'avoir réveillé personne, il s'habilla, se rendit dans la salle commune; puis, avec cette fatale intelligence que l'homme trouve soudainement en lui, avec cette puissance de tact et de volonté qui ne manque jamais ni aux prisonniers ni aux criminels dans l'accomplissement de leurs projets, il dévissa les barres de fer, les sortit de leurs trous sans faire le plus léger bruit, les plaça près du mur, et ouvrit les volets en pesant sur les gonds afin d'en assourdir les grincements. La lune ayant jeté sa pâle clarté sur cette scène, lui permit de voir faiblement les objets dans la chambre où dormaient Wilhem et Walhenfer. Là, il m'a dit s'être un moment arrêté. Les palpitations de son cœur étaient si fortes, si profondes, si sonores, qu'il en avait été comme épouvanté. Puis il craignait de ne pouvoir agir avec sang-froid; ses mains tremblaient, et la plante de ses pieds lui paraissait appuyée sur des charbons ardents. Mais l'exécution de son dessein était accompagnée de tant de bonheur, qu'il vit une espèce de prédestination dans cette faveur du sort. Il ouvrit la fenêtre, revint dans la chambre, prit sa trousse, y chercha l'instrument le plus convenable pour achever son crime. — Quand j'arrivai près du lit, me dit-il, je me recommandai machinalement à Dieu. Au moment où il levait le bras en rassemblant toute sa force, il entendit en lui comme une voix, et crut apercevoir une lumière. Il jeta l'instrument sur son lit, se sauva dans l'autre pièce, et vint se placer à la fenêtre. Là, il conçut la plus profonde horreur pour lui-même; et sentant néanmoins sa vertu faible, craignant encore de succomber à la fascination à laquelle il était en proie, il sauta vivement sur le chemin et se promena le long du Rhin, en faisant pour ainsi dire sentinelle devant l'auberge. Souvent il atteignait Andernach dans

sa promenade précipitée; souvent aussi ses pas le condui-
saient au versant par lequel il était descendu pour arriver
à l'auberge; mais le silence de la nuit était si profond, il se
fiait si bien sur les chiens de garde, que, parfois, il perdit
de vue la fenêtre qu'il avait laissée ouverte. Son but était
de se lasser et d'appeler le sommeil. Cependant en marchant ainsi sous un ciel sans nuages, en en admirant les
belles étoiles, frappé peut-être aussi par l'air pur de la
nuit et par le bruissement mélancolique des flots, il tomba
dans une rêverie qui le ramena par degrés à de saines idées
de morale. La raison finit par dissiper complètement sa
frénésie momentanée. Les enseignements de son éducation,
les préceptes religieux, et surtout, m'a-t-il dit, les images
de la vie modeste qu'il avait jusqu'alors menée sous le toit
paternel, triomphèrent de ses mauvaises pensées. Quand
il revint, après une longue méditation au charme de laquelle
il s'était abandonné sur le bord du Rhin, en restant ac-
coudé sur une grosse pierre, il aurait pu, m'a-t-il dit, non
pas dormir, mais veiller près d'un milliard en or. Au
moment où sa probité se releva fière et forte de ce combat,
il se mit à genoux dans un sentiment d'extase et de bonheur, remercia Dieu, se trouva heureux, léger, content,
comme au jour de sa première communion, où il s'était cru
digne des anges, parce qu'il avait passé la journée sans
pécher ni en paroles, ni en actions, ni en pensée. Il revint
à l'auberge, ferma la fenêtre sans craindre de faire du
bruit, et se mit au lit sur-le-champ. Sa lassitude morale et
physique le livra sans défense au sommeil. Peu de temps
après avoir posé sa tête sur son matelas, il tomba dans
cette somnolence première et fantastique qui précède toujours un profond sommeil. Alors les sens s'engourdissent,
et la vie s'abolit graduellement; les pensées sont incom-
plètes, et les derniers tressaillements de nos sens simulent
une sorte de rêverie. — Comme l'air est lourd, se dit
Prosper. Il me semble que je respire une vapeur humide.
Il s'expliqua vaguement cet effet de l'atmosphère par la
différence qui devait exister entre la température de la
chambre et l'air pur de la campagne. Mais il entendit

bientôt un bruit périodique assez semblable à celui que font les gouttes d'eau d'une fontaine en tombant du robinet. Obéissant à une terreur panique, il voulut se lever et appeler l'hôte, réveiller le négociant ou Wilhem; mais il se souvint alors, pour son malheur, de l'horloge de bois; et croyant reconnaître le mouvement du balancier, il s'endormit dans cette indistincte et confuse perception...

— Voulez-vous de l'eau, monsieur Taillefer? dit le maître de la maison, en voyant le banquier prendre machinalement la carafe.

Elle était vide.

Monsieur Hermann continua son récit, après la légère pause occasionnée par l'observation du banquier.

Le lendemain matin, dit-il, Prosper Magnan fut réveillé par un grand bruit. Il lui semblait avoir entendu des cris perçants, et il ressentait ce violent tressaillement de nerfs que nous subissons lorsque nous achevons, au réveil, une sensation pénible commencée pendant notre sommeil. Il s'accomplit en nous un fait physiologique, un sursaut, pour me servir de l'expression vulgaire, qui n'a pas encore été suffisamment observé, quoiqu'il contienne des phénomènes curieux pour la science. Cette terrible angoisse, produite peut-être par une réunion trop subite de nos deux natures, presque toujours séparées pendant le sommeil, est ordinairement rapide; mais elle persista chez le pauvre sous-aide, s'accrut même tout à coup, et lui causa la plus affreuse horripilation, quand il aperçut une mare de sang entre son matelas et le lit de Walhenfer. La tête du pauvre Allemand gisait à terre, le corps était resté dans le lit. Tout le sang avait jailli par le cou. En voyant les yeux encore ouverts et fixes, en voyant le sang qui avait taché ses draps et même ses mains, en reconnaissant son instrument de chirurgie sur le lit, Prosper Magnan s'évanouit, et tomba dans le sang de Walhenfer. — C'était déjà, m'a-t-il dit, une punition de mes pensées. Quand il reprit connaissance, il se trouva dans la salle commune. Il était assis sur une chaise, environné de soldats français et devant une foule attentive et curieuse. Il regarda stupide-

ment un officier républicain occupé à recueillir les déposi-
tions de quelques témoins, et à rédiger sans doute un
procès-verbal. Il reconnut l'hôte, sa femme, les deux
mariniers et la servante de l'auberge. L'instrument de
chirurgie dont s'était servi l'assassin...

Ici monsieur Taillefer toussa, tira son mouchoir de
poche pour se moucher, et s'essuya le front. Ces mouvements assez naturels ne furent remarqués que par moi;
tous les convives avaient les yeux attachés sur monsieur
Hermann, et l'écoutaient avec une sorte d'avidité. Le
fournisseur appuya son coude sur la table, mit sa tête
dans sa main droite, et regarda fixement Hermann. Dès
lors il ne laissa plus échapper aucune marque d'émotion
ni d'intérêt; mais sa physionomie resta pensive et terreuse,
comme au moment où il avait joué avec le bouchon de la
carafe.

— L'instrument de chirurgie dont s'était servi l'assassin
se trouvait sur la table avec la trousse, le portefeuille et
les papiers de Prosper. Les regards de l'assemblée se
dirigeaient alternativement sur ces pièces de conviction et
sur le jeune homme, qui paraissait mourant, et dont les
yeux éteints semblaient ne rien voir. La rumeur confuse
qui se faisait entendre au dehors accusait la présence de
la foule attirée devant l'auberge par la nouvelle du crime,
et peut-être aussi par le désir de connaître l'assassin. Le
pas des sentinelles placées sous les fenêtres de la salle, le
bruit de leurs fusils dominaient le murmure des conversations populaires; mais l'auberge était fermée, la cour était
vide et silencieuse. Incapable de soutenir le regard de
l'officier qui verbalisait, Prosper Magnan se sentit la main
pressée par un homme, et leva les yeux pour voir quel
était son protecteur parmi cette foule ennemie. Il reconnut, à l'uniforme, le chirurgien-major de la demi-brigade
cantonnée à Andernach. Le regard de cet homme était si
perçant, si sévère, que le pauvre jeune homme en frissonna,
et laissa aller sa tête sur le dos de la chaise. Un soldat lui
fit respirer du vinaigre, et il reprit aussitôt connaissance.
Cependant, ses yeux hagards parurent tellement privés de

vie et d'intelligence, que le chirurgien dit à l'officier, après avoir tâté le pouls de Prosper : — Capitaine, il est impossible d'interroger cet homme-là dans ce moment-ci. — Eh ! bien, emmenez-le, répondit le capitaine en interrompant le chirurgien et en s'adressant à un caporal qui se trouvait derrière le sous-aide. — Sacré lâche, lui dit à voix basse le soldat, tâche au moins de marcher ferme devant ces mâtins d'Allemands, afin de sauver l'honneur de la République. Cette interpellation réveilla Prosper Magnan, qui se leva, fit quelques pas ; mais lorsque la porte s'ouvrit, qu'il se sentit frappé par l'air extérieur, et qu'il vit entrer la foule, ses forces l'abandonnèrent, ses genoux fléchirent, il chancela. — Ce tonnerre de carabin-là mérite deux fois la mort ! Marche donc ! dirent les deux soldats qui lui prêtaient le secours de leurs bras afin de le soutenir. — Oh ! le lâche ! le lâche ! C'est lui ! c'est lui ! le voilà ! le voilà ! Ces mots lui semblaient dits par une seule voix, la voix tumultueuse de la foule qui l'accompagnait en l'injuriant, et grossissait à chaque pas. Pendant le trajet de l'auberge à la prison, le tapage que le peuple et les soldats faisaient en marchant, le murmure des différents colloques, la vue du ciel et la fraîcheur de l'air, l'aspect d'Andernach et le frissonnement des eaux du Rhin, ces impressions arrivaient à l'âme du sous-aide, vagues, confuses, ternes comme toutes les sensations qu'il avait éprouvées depuis son réveil. Par moments il croyait, m'a-t-il dit, ne plus exister.

— J'étais alors en prison, dit monsieur Hermann en s'interrompant. Enthousiaste comme nous le sommes tous à vingt ans, j'avais voulu défendre mon pays, et commandais une compagnie franche que j'avais organisée aux environs d'Andernach. Quelques jours auparavant j'étais tombé pendant la nuit au milieu d'un détachement français composé de huit cents hommes. Nous étions tout au plus deux cents. Mes espions m'avaient vendu. Je fus jeté dans la prison d'Andernach. Il s'agissait alors de me fusiller, pour faire un exemple qui intimidât le pays. Les Français parlaient aussi de représailles, mais le meurtre dont les républicains voulaient tirer vengeance sur moi ne

s'était pas commis dans l'Électorat. Mon père avait obtenu un sursis de trois jours, afin de pouvoir aller demander
ma grâce au général Augereau, qui la lui accorda. Je vis
donc Prosper Magnan au moment où il entra dans la
prison d'Andernach, et il m'inspira la plus profonde pitié.
Quoiqu'il fût pâle, défait, taché de sang, sa physionomie
avait un caractère de candeur et d'innocence qui me frappa
vivement. Pour moi, l'Allemagne respirait dans ses longs
cheveux blonds, dans ses yeux bleus. Véritable image de
mon pays défaillant, il m'apparut comme une victime et
non comme un meurtrier. Au moment où il passa sous ma
fenêtre, il jeta, je ne sais où, le sourire amer et mélancolique
d'un aliéné qui retrouve une fugitive lueur de raison. Ce
sourire n'était certes pas celui d'un assassin. Quand je vis
le geôlier, je le questionnai sur son nouveau prisonnier. —
Il n'a pas parlé depuis qu'il est dans son cachot. Il s'est
assis, a mis sa tête entre ses mains, et dort ou réfléchit à
son affaire. A entendre les Français, il aura son compte
demain matin, et sera fusillé dans les vingt-quatre heures.
Je demeurai le soir sous la fenêtre du prisonnier, pendant
le court instant qui m'était accordé pour faire une promenade dans la cour de la prison. Nous causâmes ensemble,
et il me raconta naïvement son aventure, en répondant
avec assez de justesse à mes différentes questions. Après
cette première conversation, je ne doutai plus de son innocence. Je demandai, j'obtins la faveur de rester quelques
heures près de lui. Je le vis donc à plusieurs reprises, et le
pauvre enfant m'initia sans détour à toutes ses pensées.
Il se croyait à la fois innocent et coupable. Se souvenant
de l'horrible tentation à laquelle il avait eu la force de
résister, il craignait d'avoir accompli, pendant son sommeil et dans un accès de somnambulisme, le crime qu'il
rêvait, éveillé. — Mais votre compagnon? lui dis-je. — Oh!
s'écria-t-il avec feu. Wilhem est incapable...Il n'acheva
même pas. A cette parole chaleureuse, pleine de jeunesse
et de vertu, je lui serrai la main. — A son réveil, reprit-il,
il aura sans doute été épouvanté, il aura perdu la tête, il
se sera sauvé. — Sans vous éveiller, lui dis-je. Mais alors

votre défense sera facile, car la valise de Walhenfer n'aura pas été volée. Tout à coup il fondit en larmes. — Oh! oui, je suis innocent, s'écria-t-il. Je n'ai pas tué. Je me souviens de mes songes. Je jouais aux barres avec mes camarades de collège. Je n'ai pas dû couper la tête de ce négociant, en rêvant que je courais. Puis, malgré les lueurs d'espoir qui parfois lui rendirent un peu de calme, il se sentait toujours écrasé par un remords. Il avait bien certainement levé le bras pour trancher la tête du négociant. Il se faisait justice, et ne se trouvait pas le cœur pur, après avoir commis le crime dans sa pensée. — Et cependant! je suis bon! s'écriait-il. O ma pauvre mère! Peut-être en ce moment joue-t-elle gaiement à l'impériale avec ses voisines dans son petit salon de tapisserie. Si elle savait que j'ai seulement levé la main pour assassiner un homme...oh! elle mourrait! Et je suis en prison, accusé d'avoir commis un crime. Si je n'ai pas tué cet homme, je tuerai certainement ma mère! A ces mots il ne pleura pas; mais, animé de cette fureur courte et vive assez familière aux Picards, il s'élança vers la muraille, et, si je ne l'avais retenu, il s'y serait brisé la tête. — Attendez votre jugement, lui dis-je. Vous serez acquitté, vous êtes innocent. Et votre mère... — Ma mère, s'écria-t-il avec fureur, elle apprendra mon accusation avant tout. Dans les petites villes, cela se fait ainsi, la pauvre femme en mourra de chagrin. D'ailleurs, je ne suis pas innocent. Voulez-vous savoir toute la vérité? Je sens que j'ai perdu la virginité de ma conscience. Après ce terrible mot, il s'assit, se croisa les bras sur la poitrine, inclina la tête, et regarda la terre d'un air sombre. En ce moment, le porte-clefs vint me prier de rentrer dans ma chambre; mais, fâché d'abandonner mon compagnon en un instant où son découragement me paraissait si profond, je le serrai dans mes bras avec amitié. — Prenez patience, lui dis-je, tout ira bien, peut-être. Si la voix d'un honnête homme peut faire taire vos doutes, apprenez que je vous estime et vous aime. Acceptez mon amitié, et dormez sur mon cœur, si vous n'êtes pas en paix avec le vôtre. Le lendemain, un caporal et quatre fusiliers vinrent chercher le sous-aide vers neuf heures. En entendant le bruit que firent les soldats, je me mis à ma fenêtre. Lorsque le jeune homme traversa la cour, il jeta les yeux sur moi. Jamais je n'oublierai ce regard plein de pensées, de pressentiments, de résignation, et de je ne sais quelle grâce triste et mélancolique. Ce fut un espèce de testament silencieux et intelligible par lequel un ami léguait sa vie perdue à son dernier ami. La nuit avait sans doute été bien dure, bien solitaire pour lui; mais aussi peut-être la pâleur empreinte sur son visage accusait-elle un stoïcisme puisé dans une nouvelle estime de lui-même. Peut-être s'était-il purifié par un remords, et croyait-il laver sa faute dans sa douleur et dans sa honte. Il marchait d'un pas ferme; et, dès le matin, il avait fait disparaître les taches de sang dont il s'était involontairement souillé. — Mes mains y ont fatalement trempé pendant que je dormais, car mon sommeil est toujours très agité, m'avait-il dit la veille, avec un horrible accent de désespoir. J'appris qu'il allait comparaître devant un conseil de guerre. La division devait, le surlendemain, se porter en avant, et le chef de demi-brigade ne voulait pas quitter Andernach sans faire justice du crime sur les lieux mêmes où il avait été commis... Je restai dans une mortelle angoisse pendant le temps que dura ce conseil. Enfin, vers midi, Prosper Magnan fut ramené en prison. Je faisais en ce moment ma promenade accoutumée; il m'aperçut, et vint se jeter dans mes bras. — Perdu, me dit-il. Je suis perdu sans espoir! Ici, pour tout le monde, je serai donc un assassin. Il releva la tête avec fierté. — Cette injustice m'a rendu tout entier à mon innocence. Ma vie aurait toujours été troublée, ma mort sera sans reproche. Mais, y a-t-il un avenir? Tout le dix-huitième siècle était dans cette interrogation soudaine. Il resta pensif. — Enfin, lui dis-je, comment avez-vous répondu? que vous a-t-on demandé? n'avez-vous pas dit naïvement le fait comme vous me l'avez raconté! Il me regarda fixement pendant un moment; puis, après cette pause effrayante, il me répondit avec une fiévreuse vivacité de paroles: — Ils m'ont demandé d'abord: "— Êtes-vous sorti de l'auberge pendant la nuit?" J'ai dit: — Oui. — "Par où?" J'ai rougi, et j'ai répondu: — Par la fenêtre. — "Vous l'aviez donc ouverte?" — Oui! ai-je dit. "Vous y avez mis bien de la précaution. L'aubergiste n'a rien entendu!" Je suis resté stupéfait. Les mariniers ont déclaré m'avoir vu me promenant, allant tantôt à Andernach, tantôt vers la forêt. — J'ai fait, disent-ils, plusieurs voyages. J'ai enterré l'or et les diamants. Enfin, la valise ne s'est pas retrouvée! Puis j'étais toujours en guerre avec mes remords. Quand je voulais parler: "Tu as voulu commettre le crime!" me criait une voix impitoyable. Tout était contre moi, même moi!...Ils m'ont questionné sur mon camarade, et je l'ai complètement défendu. Alors ils m'ont dit: "— Nous devons trouver un coupable entre vous, votre camarade, l'aubergiste et sa femme? Ce matin, toutes les fenêtres et les portes se sont trouvées fermées!" — A cette observation, reprit-il, je suis resté sans voix, sans force, sans âme. Plus sûr de mon ami que de moi-même, je ne pouvais l'accuser. J'ai compris que nous étions regardés tous deux comme également complices de l'assassinat, et que je passais pour le plus maladroit! J'ai voulu expliquer le crime par le somnambulisme, et justifier mon ami; alors j'ai divagué. Je suis perdu. J'ai lu ma condamnation dans les yeux de mes juges. Ils ont laissé échapper des sourires d'incrédulité. Tout est dit. Plus d'incertitude. Demain je serai fusillé. — Je ne pense plus à moi, reprit-il, mais à ma pauvre mère! Il s'arrêta, regarda le ciel, et ne versa pas de larmes. Ses yeux étaient secs et fortement convulsés. — Frédéric! — Ah! l'autre se nommait Frédéric, Frédéric! Oui, c'est bien là le nom! s'écria monsieur Hermann d'un air de triomphe.

Ma voisine me poussa le pied, et me fit un signe en me montrant monsieur Taillefer. L'ancien fournisseur avait négligemment laissé tomber sa main sur ses yeux; mais, entre les intervalles de ses doigts, nous crûmes voir une flamme sombre dans son regard.

— Hein? me dit-elle à l'oreille. S'il se nommait Frédéric.

Je répondis en la guignant de l'œil comme pour lui dire: "Silence!"

Hermann reprit ainsi: — Frédéric, s'écria le sous-aide, Frédéric m'a lâchement abandonné. Il aura eu peur. Peut-être se sera-t-il caché dans l'auberge, car nos deux chevaux étaient encore le matin dans la cour. — Quel incompréhensible mystère, ajouta-t-il après un moment de silence. Le somnambulisme, le somnambulisme! Je n'en ai eu qu'un seul accès dans ma vie, et encore à l'âge de six ans. — M'en irai-je d'ici, reprit-il, frappant du pied sur la terre, en emportant tout ce qu'il y a d'amitié dans le monde? Mourrai-je donc deux fois en doutant d'une fraternité commencée à l'âge de cinq ans, et continuée au collège, aux écoles! Où est Frédéric? Il pleura. Nous tenons donc plus à un sentiment qu'à la vie. — Rentrons, me dit-il, je préfère être dans mon cachot. Je ne voudrais pas qu'on me vît pleurant. J'irai courageusement à la mort, mais je ne sais pas faire de l'héroïsme à contretemps, et j'avoue que je regrette ma jeune et belle vie. Pendant cette nuit je n'ai pas dormi; je me suis rappelé les scènes de mon enfance, et me suis vu courant dans ces prairies dont le souvenir a peut-être causé ma perte. — J'avais de l'avenir, me dit-il en s'interrompant. Douze hommes; un sous-lieutenant qui criera: — Portez armes, en joue, feu! un roulement de tambours; et l'infamie! voilà mon avenir maintenant. Oh! il y a un Dieu, ou tout cela serait par trop niais. Alors il me prit et me serra dans ses bras en m'étreignant avec force. — Ah! vous êtes le dernier homme avec lequel j'aurai pu épancher mon âme. Vous serez libre, vous! vous verrez votre mère! Je ne sais si vous êtes riche ou pauvre, mais qu'importe! vous êtes le monde entier pour moi. Ils ne se battront pas toujours, ceux-ci. Eh! bien, quand ils seront en paix, allez à Beauvais. Si ma mère survit à la fatale nouvelle de ma mort, vous l'y trouverez. Dites-lui ces consolantes paroles: — Il était innocent! — Elle vous croira, reprit-il. Je vais lui écrire; mais vous lui porterez mon dernier regard, vous lui direz que vous êtes le dernier homme que j'aurai embrassé.

Ah! combien elle vous aimera, la pauvre femme! vous qui aurez été mon dernier ami. — Ici, dit-il après un moment de silence pendant lequel il resta comme accablé sous le poids de ses souvenirs, chefs et soldats me sont inconnus, et je leur fais horreur à tous. Sans vous, mon innocence serait un secret entre le ciel et moi. Je lui jurai d'accomplir saintement ses dernières volontés. Mes paroles, mon effusion de cœur le touchèrent. Peu de temps après, les soldats revinrent le chercher et le ramenèrent au conseil de guerre. Il était condamné. J'ignore les formalités qui devaient suivre ou accompagner ce premier jugement, je ne sais pas si le jeune chirurgien défendit sa vie dans toutes les règles; mais il s'attendait à marcher au supplice le lendemain matin, et passa la nuit à écrire à sa mère. — Nous serons libres tous deux, me dit-il en souriant, quand je l'allai voir le lendemain; j'ai appris que le général a signé votre grâce. Je restai silencieux, et le regardai pour bien graver ses traits dans ma mémoire. Alors il prit une expression de dégoût, et me dit: — J'ai été tristement lâche! J'ai, pendant toute la nuit, demandé ma grâce à ces murailles. Et il me montrait le mur de son cachot. — Oui, oui, reprit-il, j'ai hurlé de désespoir, je me suis révolté, j'ai subi la plus terrible des agonies morales. — J'étais seul! Maintenant, je pense à ce que vont dire les autres... Le courage est un costume à prendre. Je dois aller décemment à la mort...Aussi...

LES DEUX JUSTICES

— Oh! n'achevez pas! s'écria la jeune personne qui avait demandé cette histoire, et qui interrompit alors brusquement le Nurembergeois. Je veux demeurer dans l'incertitude et croire qu'il a été sauvé. Si j'apprenais aujourd'hui qu'il a été fusillé, je ne dormirais pas cette nuit. Demain vous me direz le reste.

Nous nous levâmes de table. En acceptant le bras de monsieur Hermann, ma voisine lui dit: — Il a été fusillé, n'est-ce pas?

— Oui. Je fus témoin de l'exécution.

— Comment, monsieur, dit-elle, vous avez pu...

— Il l'avait désiré, madame. Il y a quelque chose de bien affreux à suivre le convoi d'un homme vivant, d'un homme que l'on aime, d'un innocent! Ce pauvre jeune homme ne cessa pas de me regarder. Il semblait ne plus vivre qu'en moi! Il voulait, disait-il, que je reportasse son dernier soupir à sa mère.

— Eh! bien, l'avez-vous vue?

— A la paix d'Amiens, je vins en France pour apporter à la mère cette belle parole: — Il était innocent. J'avais religieusement entrepris ce pèlerinage. Mais madame Magnan était morte de consomption. Ce ne fut pas sans une émotion profonde que je brûlai la lettre dont j'étais porteur. Vous vous moquerez peut-être de mon exaltation germanique, mais je vis un drame de mélancolie sublime dans le secret éternel qui allait ensevelir ces adieux jetés entre deux tombes, ignorés de toute la création, comme un cri poussé au milieu du désert par le voyageur que surprend un lion.

— Et si l'on vous mettait face à face avec un des hommes qui sont dans ce salon, en vous disant: — Voilà le meurtrier! ne serait-ce pas un autre drame? lui demandai-je en l'interrompant. Et que feriez-vous?

Monsieur Hermann alla prendre son chapeau et sortit.

— Vous agissez en jeune homme, et bien légèrement, me dit ma voisine. Regardez Taillefer! tenez! assis dans la bergère, là, au coin de la cheminée, mademoiselle Fanny lui présente une tasse de café. Il sourit. Un assassin, que le récit de cette aventure aurait dû mettre au supplice, pourrait-il montrer tant de calme? N'a-t-il pas un air vraiment patriarcal?

— Oui, mais allez lui demander s'il a fait la guerre en Allemagne, m'écriai-je.

— Pourquoi non?

Et avec cette audace dont les femmes manquent rarement, lorsqu'une entreprise leur sourit, ou que leur esprit est dominé par la curiosité, ma voisine s'avança vers le fournisseur.

— Vous êtes allé en Allemagne? lui dit-elle.

Taillefer faillit laisser tomber sa soucoupe.

— Moi! madame? non, jamais.

— Que dis-tu donc là, Taillefer! répliqua le banquier en l'interrompant, n'étais-tu pas dans les vivres, à la campagne de Wagram?

— Ah, oui! répondit monsieur Taillefer, cette fois-là, j'y suis allé.

— Vous vous trompez, c'est un bon homme, me dit ma voisine en revenant près de moi.

— Hé! bien, m'écriai-je, avant la fin de la soirée je chasserai le meurtrier hors de la fange où il se cache.

Il se passe tous les jours sous nos yeux un phénomène moral d'une profondeur étonnante, et cependant trop simple pour être remarqué. Si dans un salon deux hommes se rencontrent, dont l'un ait le droit de mépriser ou de haïr l'autre, soit par la connaissance d'un fait intime et latent dont il est entaché, soit par un état secret, ou même par une vengeance à venir, ces deux hommes se devinent et pressentent l'abîme qui les sépare ou doit les séparer. Ils s'observent à leur insu, se préoccupent d'eux-mêmes; leurs regards, leurs gestes, laissent transpirer une indéfinissable émanation de leur pensée, il y a un aimant entre eux. Je ne sais qui s'attire le plus fortement, de la vengeance ou du crime, de la haine ou de l'insulte. Semblables au prêtre qui ne pouvait consacrer l'hostie en présence du malin esprit, ils sont tous deux gênés, défiants: l'un est poli, l'autre sombre, je ne sais lequel; l'un rougit ou pâlit, l'autre tremble. Souvent le vengeur est aussi lâche que la victime. Peu de gens ont le courage de produire un mal, même nécessaire; et bien des hommes se taisent ou pardonnent en haine du bruit, ou par peur d'un dénoûment tragique. Cette intussusception[1] de nos âmes et de nos sentiments établissait une lutte mystérieuse entre le fournisseur et moi. Depuis la première interpellation que je lui avais faite pendant le récit de monsieur Hermann, il

---

[1] Properly = absorption, i.e. of moisture by the roots of plants, but here it seems to be used in the sense of interpenetration.

fuyait mes regards. Peut-être aussi évitait-il ceux de tous les convives! Il causait avec l'inexpériente Fanny, la fille du banquier; éprouvant sans doute, comme tous les criminels, le besoin de se rapprocher de l'innocence, en espérant trouver du repos près d'elle. Mais, quoique loin de lui, je l'écoutais, et mon œil perçant fascinait le sien. Quand il croyait pouvoir m'épier impunément, nos regards se rencontraient, et ses paupières s'abaissaient aussitôt. Fatigué de ce supplice, Taillefer s'empressa de le faire cesser en se mettant à jouer. J'allai parier pour son adversaire, mais en désirant perdre mon argent. Ce souhait fut accompli. Je remplaçai le joueur sortant, et me trouvai face à face avec le meurtrier...

— Monsieur, lui dis-je pendant qu'il me donnait des cartes, auriez-vous la complaisance de *démarquer*?

Il fit passer assez précipitamment ses jetons de gauche à droite. Ma voisine était venue près de moi, je lui jetai un coup d'œil significatif.

— Seriez-vous, demandai-je en m'adressant au fournisseur, monsieur Frédéric Taillefer, de qui j'ai beaucoup connu la famille à Beauvais?

— Oui, monsieur, répondit-il.

Il laissa tomber ses cartes, pâlit, mit sa tête dans ses mains, pria l'un de ses parieurs de tenir son jeu, et se leva.

— Il fait trop chaud ici, s'écria-t-il. Je crains...

Il n'acheva pas. Sa figure exprima tout à coup d'horribles souffrances, et il sortit brusquement. Le maître de la maison accompagna Taillefer, en paraissant prendre un vif intérêt à sa position. Nous nous regardâmes, ma voisine et moi; mais je trouvai je ne sais quelle teinte d'amère tristesse répandue sur sa physionomie.

— Votre conduite est-elle bien miséricordieuse? me demanda-t-elle en m'emmenant dans une embrasure de fenêtre au moment où je quittai le jeu après avoir perdu. Voudriez-vous accepter le pouvoir de lire dans tous les cœurs? Pourquoi ne pas laisser agir la justice humaine et la justice divine? Si nous échappons à l'une, nous n'évitons jamais l'autre! Les privilèges d'un président de Cour d'assises sont-ils donc bien dignes d'envie! Vous avez presque fait l'office du bourreau.

— Après avoir partagé, stimulé ma curiosité, vous me faites de la morale!

— Vous m'avez fait réfléchir, me répondit-elle.

— Donc, paix aux scélérats, guerre aux malheureux, et déifions l'or! Mais laissons cela, ajoutai-je en riant. Regardez, je vous prie, la jeune personne qui entre en ce moment dans le salon.

— Eh! bien?

— Je l'ai vue il y a trois jours au bal de l'ambassadeur de Naples; j'en suis devenu passionnément amoureux. De grâce, dites-moi son nom. Personne n'a pu...

— C'est mademoiselle Victorine Taillefer!

J'eus un éblouissement.

— Sa belle-mère, me disait ma voisine, dont j'entendis à peine la voix, l'a retirée depuis peu du couvent où s'est tardivement achevée son éducation. Pendant longtemps son père a refusé de la reconnaître. Elle vient ici pour la première fois. Elle est bien belle et bien riche.

Ces paroles furent accompagnées d'un sourire sardonique. En ce moment, nous entendîmes des cris violents, mais étouffés. Ils semblaient sortir d'un appartement voisin et retentissaient faiblement dans les jardins.

— N'est-ce pas la voix de monsieur Taillefer? m'écriai-je.

Nous prêtâmes au bruit toute notre attention, et d'épouvantables gémissements parvinrent à nos oreilles. La femme du banquier accourut précipitamment vers nous, et ferma la fenêtre.

— Évitons les scènes, nous dit-elle. Si mademoiselle Taillefer entendait son père, elle pourrait bien avoir une attaque de nerfs!

Le banquier rentra dans le salon, y chercha Victorine, et lui dit un mot à voix basse. Aussitôt la jeune personne jeta un cri, s'élança vers la porte et disparut. Cet événement produisit une grande sensation. Les parties cessèrent. Chacun questionna son voisin. Le murmure des voix grossit, et des groupes se formèrent.

— M. Taillefer se serait-il...demandai-je.

— Tué, s'écria ma railleuse voisine. Vous en porteriez gaiement le deuil, je pense!

— Mais que lui est-il donc arrivé?

— Le pauvre bonhomme, répondit la maîtresse de la maison, est sujet à une maladie dont je n'ai pu retenir le nom, quoique monsieur Brousson me l'ait dit assez souvent, et il vient d'en avoir un accès.

— Quel est donc le genre de cette maladie? demanda soudain un juge d'instruction.

— Oh! c'est un terrible mal, monsieur, répondit-elle. Les médecins n'y connaissent pas de remède. Il paraît que les souffrances en sont atroces. Un jour, ce malheureux Taillefer ayant eu un accès pendant son séjour à ma terre, j'ai été obligée d'aller chez une de mes voisines pour ne pas l'entendre; il pousse des cris terribles, il veut se tuer; sa fille fut alors forcée de le faire attacher sur son lit, et de lui mettre la camisole des fous. Ce pauvre homme prétend avoir dans la tête des animaux qui lui rongent la cervelle: c'est des élancements, des coups de scie, des tiraillements horribles dans l'intérieur de chaque nerf. Il souffre tant à la tête qu'il ne sentait pas les moxas qu'on lui appliquait jadis pour essayer de le distraire; mais monsieur Brousson, qu'il a pris pour médecin, les a défendus, en prétendant que c'était une affection nerveuse, une inflammation de nerfs, pour laquelle il fallait des sangsues au cou et de l'opium sur la tête; et, en effet, les accès sont devenus plus rares, et n'ont plus paru que tous les ans, vers la fin de l'automne. Quand il est rétabli, Taillefer répète sans cesse qu'il aurait mieux aimé être roué que de ressentir de pareilles douleurs.

— Alors, il paraît qu'il souffre beaucoup, dit un agent de change, le bel esprit du salon.

— Oh! reprit-elle, l'année dernière il a failli périr. Il était allé seul à sa terre, pour une affaire pressante; faute de secours peut-être, il est resté vingt-deux heures étendu roide, et comme mort. Il n'a été sauvé que par un bain très chaud.

— C'est donc une espèce de tétanos? demanda l'agent
de change.

— Je ne sais pas, reprit-elle. Voilà près de trente ans
qu'il jouit de cette maladie gagnée aux armées; il lui est
entré, dit-il, un éclat de bois dans la tête en tombant dans
un bateau; mais Brousson espère le guérir. On prétend
que les Anglais ont trouvé le moyen de traiter sans danger
cette maladie-là par l'acide prussique.

En ce moment, un cri plus perçant que les autres retentit dans la maison et nous glaça d'horreur.

— Eh! bien, voilà ce que j'entendais à tout moment,
reprit la femme du banquier. Cela me faisait sauter sur
ma chaise et m'agaçait les nerfs. Mais, chose extraordinaire! ce pauvre Taillefer, tout en souffrant des douleurs
inouïes, ne risque jamais de mourir. Il mange et boit
comme à l'ordinaire pendant les moments de répit que lui
laisse cet horrible supplice (la nature est bien bizarre!).
Un médecin allemand lui a dit que c'était une espèce de
goutte à la tête; cela s'accorderait assez avec l'opinion de
Brousson.

Je quittai le groupe qui s'était formé autour de la
maîtresse du logis, et sortis avec mademoiselle Taillefer,
qu'un valet vint chercher...

— Oh! mon Dieu! mon Dieu! s'écria-t-elle en pleurant,
qu'a donc fait mon père au ciel pour avoir mérité de
souffrir ainsi?...un être si bon!

Je descendis l'escalier avec elle, et en l'aidant à monter
dans la voiture, j'y vis son père courbé en deux. Mademoiselle Taillefer essayait d'étouffer les gémissements
de son père en lui couvrant la bouche d'un mouchoir;
malheureusement, il m'aperçut, sa figure parut se crisper
encore davantage, un cri convulsif fendit les airs, il me jeta
un regard horrible, et la voiture partit.

Ce dîner, cette soirée, exercèrent une cruelle influence
sur ma vie et sur mes sentiments. J'aimai mademoiselle
Taillefer, précisément peut-être parce que l'honneur et la
délicatesse m'interdisaient de m'allier à un assassin, quelque bon père et bon époux qu'il pût être. Une incroyable

fatalité m'entraînait à me faire présenter dans les maisons
où je savais pouvoir rencontrer Victorine. Souvent, après
m'être donné à moi-même ma parole d'honneur de renoncer
à la voir, le soir même je me trouvais près d'elle. Mes
plaisirs étaient immenses. Mon légitime amour, plein de
remords chimériques, avait la couleur d'une passion
criminelle. Je me méprisais de saluer Taillefer, quand par
hasard il était avec sa fille; mais je le saluais! Enfin, par
malheur, Victorine n'est pas seulement une jolie personne;
de plus elle est instruite, remplie de talents, de grâces, sans
la moindre pédanterie, sans la plus légère teinte de prétention. Elle cause avec réserve; et son caractère a des
grâces mélancoliques auxquelles personne ne sait résister;
elle m'aime, ou du moins elle me le laisse croire; elle a un
certain sourire qu'elle ne trouve que pour moi; et pour
moi, sa voix s'adoucit encore. Oh! elle m'aime! mais elle
adore son père, mais elle m'en vante la bonté, la douceur,
les qualités exquises. Ces éloges sont autant de coups de
poignard qu'elle me donne dans le cœur. Un jour, je me
suis trouvé presque complice du crime sur lequel repose
l'opulence de la famille Taillefer: j'ai voulu demander la
main de Victorine. Alors j'ai fui, j'ai voyagé, je suis allé
en Allemagne, à Andernach. Mais je suis revenu. J'ai
retrouvé Victorine pâle, elle avait maigri! si je l'avais
revue bien portante, gaie, j'étais sauvé. Ma passion s'est
rallumée avec une violence extraordinaire. Craignant que
mes scrupules ne dégénérassent en monomanie, je résolus
de convoquer un sanhédrin de consciences pures, afin de
jeter quelque lumière sur ce problème de haute morale et
de philosophie. La question s'était encore bien compliquée
depuis mon retour. Avant-hier donc, j'ai réuni ceux de
mes amis auxquels j'accorde le plus de probité, de délicatesse et d'honneur. J'avais invité deux Anglais, un
secrétaire d'ambassade et un puritain; un ancien ministre
dans toute la maturité de la politique; des jeunes gens
encore sous le charme de l'innocence; un prêtre, un vieillard; puis mon ancien tuteur, homme naïf qui m'a rendu
le plus beau compte de tutelle dont la mémoire soit restée

au Palais; un avocat, un notaire, un juge, enfin toutes les opinions sociales, toutes les vertus pratiques. Nous avons commencé par bien dîner, bien parler, bien crier; puis, au dessert, j'ai raconté naïvement mon histoire, et demandé quelque bon avis en cachant le nom de ma prétendue.

— Conseillez-moi, mes amis, leur dis-je en terminant. Discutez longuement la question, comme s'il s'agissait d'un projet de loi. L'urne et les boules du billard vont vous être apportées, et vous voterez pour ou contre mon mariage, dans tout le secret voulu par un scrutin!

Un profond silence régna soudain. Le notaire se récusa.

— Il y a, dit-il, un contrat à faire.

Le vin avait réduit mon ancien tuteur au silence, et il fallait le mettre en tutelle pour qu'il ne lui arrivât aucun malheur en retournant chez lui.

— Je comprends! m'écriai-je. Ne pas donner son opinion, c'est me dire énergiquement ce que je dois faire.

Il y eut un mouvement dans l'assemblée.

Un propriétaire qui avait souscrit pour les enfants et la tombe du général Foy[1], s'écria:

— Ainsi que la vertu le crime a ses degrés!

— Bavard! me dit l'ancien ministre à voix basse en me poussant le coude.

— Où est la difficulté? demanda un duc dont la fortune consiste en biens confisqués à des protestants réfractaires lors de la révocation de l'édit de Nantes.

L'avocat se leva: — En droit, l'*espèce* qui nous est soumise ne constituerait pas la moindre difficulté. Monsieur le duc a raison! s'écria l'organe de la loi. N'y a-t-il pas prescription? Où en serions-nous tous s'il fallait rechercher l'origine des fortunes! Ceci est une affaire de conscience. Si vous voulez absolument porter la cause devant un tribunal, allez à celui de la pénitence.

Le Code incarné se tut, s'assit et but un verre de vin de Champagne. L'homme chargé d'expliquer l'Évangile, le bon prêtre, se leva.

— Dieu nous a faits fragiles, dit-il avec fermeté. Si vous

---

[1] 1775–1825. A great orator on the Liberal side.

aimez l'héritière du crime, épousez-la, mais contentez-vous du bien matrimonial, et donnez aux pauvres celui du père.

— Mais, s'écria l'un de ces ergoteurs sans pitié qui se rencontrent si souvent dans le monde, le père n'a peut-être fait un beau mariage que parce qu'il s'était enrichi. Le moindre de ses bonheurs n'a-t-il donc pas toujours été un fruit du crime !

— La discussion est en elle-même une sentence ! Il est des choses sur lesquelles un homme ne delibère pas, s'écria mon ancien tuteur qui crut éclairer ''assemblée par une saillie d'ivresse.

— Oui ! dit le secrétaire d'ambassade.

— Oui ! s'écria le prêtre.

Ces deux hommes ne s'entendaient pas.

Un doctrinaire auquel il n'avait guère manqué que cent cinquante voix sur cent cinquante-cinq votants pour être élu, se leva.

— Messieurs, cet accident phénoménal de la nature intellectuelle est un de ceux qui sortent le plus vivement de l'état normal auquel est soumise la société, dit-il. Donc, la décision à prendre doit être un fait extemporané de notre conscience, un concept soudain, un jugement instructif, une nuance fugitive de notre appréhension intime assez semblable aux éclairs qui constituent le sentiment du goût. Votons.

— Votons ! s'écrièrent mes convives.

Je fis donner à chacun deux boules, l'une blanche, l'autre rouge. Le blanc, symbole de la virginité, devrait proscrire le mariage ; et la boule rouge, l'approuver. Je m'abstins de voter par délicatesse. Mes amis étaient dix-sept, le nombre neuf formait la majorité absolue. Chacun alla mettre sa boule dans le panier d'osier à col étroit où s'agitent les billes numérotées quand les joueurs tirent leurs places à la poule, et nous fûmes agités par une assez vive curiosité, car ce scrutin de morale épurée avait quelque chose d'original. Au dépouillement du scrutin, je trouvai neuf boules blanches ! Ce résultat ne me surprit pas; mais je m'avisai de compter les jeunes gens de mon âge que j'avais mis parmi mes juges. Ces casuistes étaient au nombre de neuf, ils avaient tous eu la même pensée.

— Oh! oh! me dis-je, il y a unanimité secrète pour le mariage et unanimité pour me l'interdire! Comment sortir d'embarras?

— Où demeure le beau-père? demanda étourdiment un de mes camarades de collège, moins dissimulé que les autres.

— Il n'y a plus de beau-père, m'écriai-je. Jadis ma conscience parlait assez clairement pour rendre votre arrêt superflu. Et si aujourd'hui sa voix s'est affaiblie, voici les motifs de ma couardise. Je reçus, il y a deux mois, cette lettre séductrice.

Je leur montrai l'invitation suivante, que je tirai de mon portefeuille.

"Vous êtes prié d'assister aux convoi, service et enterrement de m. Jean-Frédéric Taillefer, de la maison Taillefer et compagnie, ancien fournisseur des vivres-viandes, en son vivant chevalier de la Légion d'honneur et de l'Éperon d'or, capitaine de la première compagnie de grenadiers de la deuxième légion de la garde nationale de Paris, décédé le premier mai dans son hôtel, rue Joubert, et qui se feront à...etc."

"*De la part de...etc.*"

— Maintenant, que faire? repris-je. Je vais vous poser la question très largement. Il y a bien certainement une mare de sang dans les terres de mademoiselle Taillefer, la succession de son père est un vaste *hacelma*[1]. Je le sais. Mais Prosper Magnan n'a pas laissé d'héritiers; mais il m'a été impossible de retrouver la famille du fabricant d'épingles assassiné à Andernach. A qui restituer la fortune? Et doit-on restituer toute la fortune? Ai-je le droit de trahir un secret surpris, d'augmenter d'une tête coupée la dot d'une innocente jeune fille, de lui faire faire de mauvais rêves, de lui ôter une belle illusion, de lui tuer son père une seconde fois, en lui disant: Tous vos écus sont

[1] The field which Judas purchased with the price of his betrayal of Christ was called Aceldama = the field of blood (Acts i. 18–20).

tachés? J'ai emprunté le *Dictionnaire des Cas de conscience* à un vieil ecclésiastique et n'y ai point trouvé de solution à mes doutes. Faire une fondation pieuse pour l'âme de Prosper Magnan, de Walhenfer, de Taillefer? nous sommes en plein dix-neuvième siècle. Bâtir un hospice ou instituer un prix de vertu? le prix de vertu sera donné à des fripons. Quant à la plupart de nos hôpitaux, ils me semblent devenus aujourd'hui les protecteurs du vice! D'ailleurs ces placements plus ou moins profitables à la vanité constitueront-ils des réparations? et les dois-je? Puis j'aime, et j'aime avec passion. Mon amour est ma vie! Si je propose sans motif à une jeune fille habituée au luxe, à l'élégance, à une vie fertile en jouissances d'arts, à une jeune fille qui aime à écouter paresseusement aux Bouffons la musique de Rossini, si donc je lui propose de se priver de quinze cent mille francs en faveur de vieillards stupides ou de galeux chimériques, elle me tournera le dos en riant, ou sa femme de confiance me prendra pour un mauvais plaisant; si, dans une extase d'amour, je lui vante les charmes d'une vie médiocre et ma petite maison sur les bords de la Loire, si je lui demande le sacrifice de sa vie parisienne au nom de notre amour, ce sera d'abord un vertueux mensonge; puis, je ferai peut-être là quelque triste expérience, et perdrai le cœur de cette jeune fille, amoureuse du bal, folle de parure, et de moi pour le moment. Elle me sera enlevée par un officier mince et pimpant, qui aura une moustache bien frisée, jouera du piano, vantera lord Byron, et montera joliment à cheval. Que faire? Messieurs, de grâce, un conseil?...

L'honnête homme, cette espèce de puritain assez semblable au père de Jenny Deans, de qui je vous ai déjà parlé, et qui jusque-là n'avait soufflé mot, haussa les épaules en me disant: — Imbécile, pourquoi lui as-tu demandé s'il était de Beauvais!

LA MESSE DE L'ATHÉE

This masterly little story, which was written in a few hours with hardly any revision, originally appeared in the *Chronique de Paris* for January, 1836. It was reprinted in 1837 in the *Études philosophiques*, 20 vols., 1835–1840.

Un médecin à qui la science doit une belle théorie physiologique, et qui, jeune encore, s'est placé parmi les célébrités de l'École de Paris, centre de lumières auquel les médecins de l'Europe rendent tous hommage, le docteur Bianchon[1] a longtemps pratiqué la chirurgie avant de se livrer à la médecine. Ses premières études furent dirigées par un des plus grands chirurgiens français, par l'illustre Desplein[2], qui passa comme un météore dans la science. De l'aveu de ses ennemis, il enterra dans la tombe une méthode intransmissible. Comme tous les gens de génie, il était sans héritiers: il portait et emportait tout avec lui. La gloire des chirurgiens ressemble à celle des acteurs, qui n'existent que de leur vivant et dont le talent n'est plus appréciable dès qu'ils ont disparu. Les acteurs et les chirurgiens, comme aussi les grands chanteurs, comme les virtuoses qui décuplent par leur exécution la puissance de la musique, sont tous les héros du moment. Desplein offre la preuve de cette similitude entre la destinée de ces génies transitoires. Son nom, si célèbre hier, aujourd'hui presque oublié, restera dans sa spécialité sans en franchir les bornes. Mais ne faut-il pas des circonstances inouïes pour que le nom d'un savant passe de la science dans l'histoire générale de l'humanité? Desplein avait-il cette universalité de connaissances qui fait d'un homme le *verbe* ou la *figure* d'un siècle? Desplein possédait un divin coup d'œil: il pénétrait

---

[1] Horace Bianchon makes an appearance in a large number of Balzac's stories, from *Le Père Goriot*, when as house-physician at the *Hôpital Cochin* he took his meals at the *Pension Vauquer* (see below, p. 155), to *La Cousine Bette* and *Le Curé de Village*.

[2] According to Balzac Desplein was a real person.

le malade et sa maladie par une intuition acquise ou naturelle qui lui permettait d'embrasser les diagnostics particuliers à l'individu, de déterminer le moment précis, l'heure, la minute à laquelle il fallait opérer, en faisant la part aux circonstances atmosphériques et aux particularités du tempérament. Pour marcher ainsi de conserve avec la Nature, avait-il donc étudié l'incessante jonction des êtres et des substances élémentaires contenues dans l'atmosphère ou que fournit la terre à l'homme qui les absorbe et les prépare pour en tirer une expression particulière? Procédait-il par cette puissance de déduction et d'analogie à laquelle est dû le génie de Cuvier? Quoi qu'il en soit, cet homme s'était fait le confident de la Chair, il la saisissait dans le passé comme dans l'avenir, en s'appuyant sur le présent. Mais a-t-il résumé toute la science en sa personne comme ont fait Hippocrate, Galien, Aristote? A-t-il conduit toute une école vers des mondes nouveaux? Non. S'il est impossible de refuser à ce perpétuel observateur de la chimie humaine, l'antique science du Magisme, c'est-à-dire la connaissance des principes en fusion, les causes de la vie, la vie avant la vie, ce qu'elle sera par ses préparations avant d'être; malheureusement tout en lui fut personnel: isolé dans sa vie par l'égoïsme, l'égoïsme suicide aujourd'hui sa gloire. Sa tombe n'est pas surmontée de la statue sonore qui redit à l'avenir les mystères que le Génie cherche à ses dépens. Mais peut-être le talent de Desplein était-il solidaire de ses croyances, et conséquemment mortel. Pour lui, l'atmosphère terrestre était un sac générateur: il voyait la terre comme un œuf dans sa coque, et ne pouvant savoir qui de l'œuf, qui de la poule, avait commencé, il n'admettait ni le coq ni l'œuf. Il ne croyait ni en l'animal antérieur, ni en l'esprit postérieur à l'homme. Desplein n'était pas dans le doute, il affirmait. Son athéisme pur et franc ressemblait à celui de beaucoup de savants, les meilleurs gens du monde, mais invinciblement athées, athées comme les gens religieux n'admettent pas qu'il puisse y avoir d'athées. Cette opinion ne devait pas être autrement chez un homme

habitué depuis son jeune âge à disséquer l'être par excellence, avant, pendant et après la vie, à le fouiller dans
tous ses appareils sans y trouver cette âme unique, si
nécessaire aux théories religieuses. En y reconnaissant un
centre cérébral, un centre nerveux et un centre aéro-san-
guin, dont les deux premiers se suppléent si bien l'un
l'autre, qu'il eut dans les derniers jours de sa vie la conviction que le sens de l'ouïe n'était pas absolument nécessaire pour entendre, ni le sens de la vue absolument
nécessaire pour voir, et que le plexus solaire les remplaçait
sans que l'on en pût douter; Desplein, en trouvant deux
âmes dans l'homme, corrobora son athéisme de ce fait,
quoiqu'il ne préjuge encore rien sur Dieu. Cet homme
mourut, dit-on, dans l'impénitence finale où meurent malheureusement beaucoup de beaux génies, à qui Dieu puisse
pardonner.

La vie de cet homme si grand offrait beaucoup de
petitesses, pour employer l'expression dont se servaient
ses ennemis, jaloux de diminuer sa gloire, mais qu'il serait
plus convenable de nommer des contre-sens apparents.
N'ayant jamais connaissance des déterminations par lesquelles agissent les esprits supérieurs, les envieux ou les
niais s'arment aussitôt de quelques contradictions super-
ficielles pour dresser un acte d'accusation sur lequel ils les
font momentanément juger. Si, plus tard, le succès cou-
ronne les combinaisons attaquées, en montrant la corréla-
tion des préparatifs et des résultats, il subsiste toujours
un peu des calomnies d'avant-garde. Ainsi, de nos jours,
Napoléon fut condamné par nos contemporains, lorsqu'il
déployait les ailes de son aigle sur l'Angleterre: il fallut
1816 pour expliquer 1804 et les bateaux plats de Boulogne.

Chez Desplein, la gloire et la science étant inattaquables,
ses ennemis s'en prenaient à son humeur bizarre, à son
caractère; tandis qu'il possédait tout bonnement cette
qualité que les Anglais nomment *eccentricity*. Tantôt
superbement vêtu comme Crébillon le tragique[1], tantôt il
affectait une singulière indifférence en fait de vêtement;

[1] Crébillon *père* (1674–1762). His tragedies, once famous, are no longer read

on le voyait tantôt en voiture, tantôt à pied. Tour à tour brusque et bon, en apparence âpre et avare, mais capable d'offrir sa fortune à ses maîtres exilés qui lui firent l'honneur de l'accepter pendant quelques jours, aucun homme n'a inspiré plus de jugements contradictoires. Quoique capable, pour avoir un cordon noir que les médecins n'auraient pas dû briguer, de laisser tomber à la cour un livre d'heures de sa poche, croyez qu'il se moquait en lui-même de tout; il avait un profond mépris pour les hommes, après les avoir observés d'en haut et d'en bas, après les avoir surpris dans leur véritable expression, au milieu des actes de l'existence les plus solennels et les plus mesquins. Chez un grand homme, les qualités sont souvent solidaires. Si, parmi ces colosses, l'un d'eux a plus de talent que d'esprit, son esprit est encore plus étendu que celui de qui l'on dit simplement: Il a de l'esprit. Tout génie suppose une vue morale. Cette vue peut s'appliquer à quelque spécialité; mais qui voit la fleur, doit voir le soleil. Celui qui entendit un diplomate, sauvé par lui, demandant: "Comment va l'Empereur?" et qui répondit: "Le courtisan revient, l'homme suivra!" celui-là n'est pas seulement chirurgien ou médecin, il est aussi prodigieusement spirituel. Ainsi, l'observateur patient et assidu de l'humanité légitimera les prétentions exorbitantes de Desplein et le croira, comme il se croyait lui-même, propre à faire un ministre tout aussi grand qu'était le chirurgien.

Parmi les énigmes que présente aux yeux de plusieurs contemporains la vie de Desplein, nous avons choisi l'une des plus intéressantes, parce que le mot s'en trouvera dans la conclusion du récit, et le vengera de quelques sottes accusations.

De tous les élèves que Desplein eut à son hôpital, Horace Bianchon fut un de ceux auxquels il s'attacha le plus vivement. Avant d'être interne à l'Hôtel-Dieu, Horace Bianchon était un étudiant en médecine, logé dans une misérable pension du quartier latin, connue sous le nom de la Maison-Vauquer. Ce pauvre jeune homme y sentait les atteintes de cette ardente misère, espèce de

creuset d'où les grands talents doivent sortir purs et in-
corruptibles comme des diamants qui peuvent être soumis
à tous les chocs sans se briser. Au feu violent de leurs
passions déchaînées, ils acquièrent la probité la plus in-
altérable, et contractent l'habitude des luttes qui attendent
le génie, par le travail constant dans lequel ils ont cerclé
leurs appétits trompés. Horace était un jeune homme
droit, incapable de tergiverser dans les questions d'honneur,
allant sans phrase au fait, prêt pour ses amis à mettre en
gage son manteau, comme à leur donner son temps et ses
veilles. Horace était enfin un de ces amis qui ne s'in-
quiètent pas de ce qu'ils reçoivent en échange de ce qu'ils
donnent, certains de recevoir à leur tour plus qu'ils ne
donneront. La plupart de ses amis avaient pour lui ce
respect intérieur qu'inspire une vertu sans emphase, et
plusieurs d'entre eux redoutaient sa censure. Mais ces
qualités, Horace les déployait sans pédantisme. Ni puritain ni sermonneur, il jurait de bonne grâce en donnant un
conseil, et faisait volontiers un *tronçon de chiere lie*[1] quand
l'occasion s'en présentait. Bon compagnon, pas plus prude
que ne l'est un cuirassier, rond et franc, non pas comme un
marin, car le marin d'aujourd'hui est un rusé diplomate,
mais comme un brave jeune homme qui n'a rien à déguiser
dans sa vie, il marchait la tête haute et la pensée rieuse.
Enfin, pour tout exprimer par un mot, Horace était le
Pylade de plus d'un Oreste, les créanciers étant pris aujourd'hui comme la figure la plus réelle des Furies antiques.
Il portait sa misère avec cette gaîté qui peut-être est un
des plus grands éléments du courage, et comme tous ceux
qui n'ont rien, il contractait peu de dettes. Sobre comme
un chameau, alerte comme un cerf, il était ferme dans ses
idées et dans sa conduite. La vie heureuse de Bianchon
commença du jour où l'illustre chirurgien acquit la preuve
des qualités et des défauts qui, les uns aussi bien que les
autres, rendent doublement précieux à ses amis le docteur

---

[1] Cp. Rabelais v. 7, where the edition of 1564 has *bonne chère*. But the
reading of the *Isle Sonante* (1562) is *chère lie*, which is also found in La
Fontaine. *Lie* is from Lat. *laeta*.

Horace Bianchon. Quand un chef de clinique prend dans son giron un jeune homme, ce jeune homme a, comme on dit, le pied dans l'étrier. Desplein ne manquait pas d'emmener Bianchon pour se faire assister par lui dans les maisons opulentes où presque toujours quelque gratification tombait dans l'escarcelle de l'interne, et où se révélaient insensiblement au provincial les mystères de la vie parisienne; il le gardait dans son cabinet lors de ses consultations, et l'y employait; parfois, il l'envoyait accompagner un riche malade aux Eaux; enfin il lui préparait une clientèle. Il résulte de ceci qu'au bout d'un certain temps, le tyran de la chirurgie eut un Séide[1]. Ces deux hommes, l'un au faîte des honneurs et de sa science, jouissant d'une immense fortune et d'une immense gloire; l'autre, modest Oméga, n'ayant ni fortune ni gloire, devinrent intimes. Le grand Desplein disait tout à son interne; l'interne savait si telle femme s'était assise sur une chaise auprès du maître, ou sur le fameux canapé qui se trouvait dans le cabinet et sur lequel Desplein dormait: Bianchon connaissait les mystères de ce tempérament de lion et de taureau, qui finit par élargir, amplifier outre mesure le buste du grand homme, et causa sa mort par le développement du cœur. Il étudia les bizarreries de cette vie si occupée, les projets de cette avarice si sordide, les espérances de l'homme politique caché dans le savant; il put prévoir les déceptions qui attendaient le seul sentiment enfoui dans ce cœur moins de bronze que bronzé.

Un jour, Bianchon dit à Desplein qu'un pauvre porteur d'eau du quartier Saint-Jacques avait une horrible maladie causée par les fatigues et la misère; ce pauvre Auvergnat[2] n'avait mangé que des pommes de terre dans le grand hiver de 1821. Desplein laissa tous ses malades. Au risque de crever son cheval, il vola, suivi de Bianchon, chez le pauvre homme et le fit transporter lui-même dans la

---

[1] Séide was a slave of Mahomet and devotedly attached to his master; hence *séide* is used of any devoted adherent.

[2] The water-carriers of Paris were for the most part natives of Auvergne *Le Misanthrope et l'Auvergnat* is the title of one of Labiche's best plays.

maison de santé établie par le célèbre Dubois dans le faubourg Saint-Denis[1]. Il alla soigner cet homme, auquel il donna, quand il l'eut rétabli, la somme nécessaire pour acheter un cheval et un tonneau. Cet Auvergnat se distingua par un trait original. Un de ses amis tombe malade, il l'emmène promptement chez Desplein, en disant à son bienfaiteur: — " Je n'aurais pas souffert qu'il allât chez un autre." Tout bourru qu'il était, Desplein serra la main du porteur d'eau, et lui dit: — "Amène-les-moi tous." Et il fit entrer l'enfant du Cantal[2] à l'Hôtel-Dieu, où il eut de lui le plus grand soin. Bianchon avait déjà plusieurs fois remarqué chez son chef une prédilection pour les Auvergnats et surtout pour les porteurs d'eau; mais, comme Desplein mettait une sorte d'orgueil à ses traitements de l'Hôtel-Dieu, l'élève n'y voyait rien de trop étrange.

Un jour, en traversant la place Saint-Sulpice[3], Bianchon aperçut son maître entrant dans l'église vers neuf heures du matin. Desplein, qui ne faisait jamais alors un pas sans son cabriolet, était à pied, et se coulait par la porte de la rue du Petit-Lion, comme s'il fût entré dans une maison suspecte. Naturellement pris de curiosité, l'interne qui connaissait les opinions de son maître, et qui était *Cabaniste* en dyable par un y grec (ce qui semble dans Rabelais une supériorité de diablerie), Bianchon se glissa dans Saint-Sulpice, et ne fut pas médiocrement étonné de voir le grand Desplein, cet athée sans pitié pour les anges qui n'offrent point prise aux bistouris, et ne peuvent avoir ni fistules ni gastrites, enfin, cet intrépide *dériseur*, humblement agenouillé, et où?...à la chapelle de la Vierge devant laquelle il écouta une messe, donna pour les frais du culte,

[1] This paying hospital was founded by the *Administration des hospices* in 1801, and Antoine Dubois (1756–1837), the celebrated surgeon and *accoucheur*, who brought the Duc de Reichstadt into the world, was appointed its first chief surgeon. It consequently became known as the *Hospice Dubois*.

[2] A volcanic district and department in the south of Auvergne.

[3] The *place* of Saint-Sulpice is near the Luxembourg; on its east side is the church, an imposing classical building of the seventeenth and eighteenth centuries, and on its south side the great Catholic seminary, founded by Jean-Jacques Olier, *curé* of Saint-Sulpice, in 1641.

donna pour les pauvres, en restant sérieux comme s'il se
fût agi d'une opération.

— Il ne venait, certes, pas éclaircir des questions rela-
tives à l'accouchement de la Vierge, disait Bianchon dont
l'étonnement fut sans bornes. Si je l'avais vu tenant, à la
Fête-Dieu, un des cordons du dais, il n'y aurait eu qu'à
rire; mais à cette heure, seul, sans témoins, il y a, certes,
de quoi faire penser!

Bianchon ne voulut pas avoir l'air d'espionner le premier
chirurgien de l'Hôtel-Dieu, il s'en alla. Par hasard, Desplein l'invita ce jour-là même à dîner avec lui, hors de
chez lui, chez un restaurateur.

Entre la poire et le fromage Bianchon arriva, par
d'habiles préparations, à parler de la messe, en la qualifiant
de momerie et de farce.

— Une farce, dit Desplein, qui a coûté plus de sang à la
chrétienté que toutes les batailles de Napoléon et que toutes
les sangsues de Broussais[1]! La messe est une invention
papale qui ne remonte pas plus haut que le VIe siècle, et que
l'on a basée sur *Hoc est corpus*. Combien de torrents de sang
n'a-t-il pas fallu verser pour établir la Fête-Dieu par l'ins-
titution de laquelle la cour de Rome a voulu constater sa
victoire dans l'affaire de la Présence Réelle, schisme qui
pendant trois siècles a troublé l'Église! Les guerres du
comte de Toulouse et les Albigeois sont la queue de cette
affaire. Les Vaudois et les Albigeois se refusaient à reconnaître cette innovation.

Enfin Desplein prit plaisir à se livrer à toute sa verve
d'athée, et ce fut un flux de plaisanteries voltairiennes, ou,
pour être plus exact, une détestable contrefaçon du
Citateur.

— Ouais! se dit Bianchon en lui-même, où est mon dévot
de ce matin?

Il garda le silence, il douta d'avoir vu son chef à Saint-
Sulpice. Desplein n'eût pas pris la peine de mentir à
Bianchon: ils se connaissaient trop bien tous deux, ils
avaient déjà, sur des points tout aussi graves, échangé

[1] A celebrated French physician (1772–1838), who made a special
study of inflammation.

des pensées, discuté des systèmes *de natura rerum* en les sondant ou les disséquant avec les couteaux et le scalpel de l'Incrédulité. Trois mois se passèrent. Bianchon ne donna point de suite à ce fait, quoiqu'il restât gravé dans sa mémoire. Dans cette année, un jour, l'un des médecins de l'Hôtel-Dieu prit Desplein par le bras devant Bianchon, comme pour l'interroger.

— Qu'alliez-vous donc faire à Saint-Sulpice, mon cher maître? lui dit-il.

— Y voir un prêtre qui a une carie au genou, et que madame la duchesse d'Angoulême[1] m'a fait l'honneur de me recommander, dit Desplein.

Le médecin se paya de cette défaite, mais non Bianchon.

— Ah! il va voir des genoux malades dans l'église! Il allait entendre sa messe, se dit l'interne.

Bianchon se promit de guetter Desplein; il se rappela le jour, l'heure auxquels il l'avait surpris entrant à Saint-Sulpice, et se promit d'y venir l'année suivante au même jour et à la même heure, afin de savoir s'il l'y surprendrait encore. En ce cas, la périodicité de sa dévotion autoriserait une investigation scientifique, car il ne devait pas se rencontrer chez un tel homme une contradiction directe entre la pensée et l'action. L'année suivante, au jour et à l'heure dits, Bianchon, qui déjà n'était plus l'interne de Desplein, vit le cabriolet du chirurgien s'arrêtant au coin de la rue de Tournon et de celle du Petit-Lion, d'où son ami s'en alla jésuitiquement le long des murs à Saint-Sulpice, où il entendit encore sa messe à l'autel de la Vierge. C'était bien Desplein! le chirurgien en chef, l'athée *in petto*, le dévot par hasard. L'intrigue s'embrouillait. La persistance de cet illustre savant compliquait tout. Quand Desplein fut sorti, Bianchon s'approcha du sacristain qui vint desservir la chapelle, et lui demanda si ce monsieur était un habitué.

— Voici vingt ans que je suis ici, dit le sacristain, et

[1] The Duchesse d'Angoulême was the daughter of Louis XVI and the wife of the elder son of Charles X. She died in 1857.

depuis ce temps monsieur Desplein vient quatre fois par an entendre cette messe; il l'a fondée.

— Une fondation faite par lui! dit Bianchon en s'éloignant. Ceci vaut le mystère de l'Immaculée Conception, une chose qui, à elle seule, doit rendre un médecin incrédule.

Il se passa quelque temps sans que le docteur Bianchon, quoique ami de Desplein, fût en position de lui parler de cette particularité de sa vie. S'ils se rencontraient en consultation ou dans le monde, il était difficile de trouver ce moment de confiance et de solitude où l'on demeure les pieds sur les chenets, la tête appuyée sur le dos d'un fauteuil, et pendant lequel deux hommes se disent leurs secrets. Enfin, à sept ans de distance, après la révolution de 1830, quand le peuple se ruait sur l'Archevêché, quand les inspirations républicaines le poussaient à détruire les croix dorées qui poindaient, comme des éclairs, dans l'immensité de cet océan de maisons; quand l'Incrédulité, côte à côte avec l'Émeute, se carrait dans les rues, Bianchon surprit Desplein entrant encore dans Saint-Sulpice. Le docteur l'y suivit, se mit près de lui, sans que son ami lui fît le moindre signe ou témoignât la moindre surprise. Tous deux entendirent la messe de fondation.

— Me direz-vous, mon cher, dit Bianchon à Desplein quand ils sortirent de l'église, la raison de votre capucinade? Je vous ai déjà surpris trois fois allant à la messe, vous! Vous me ferez raison de ce mystère, et m'expliquerez ce désaccord flagrant entre vos opinions et votre conduite. Vous ne croyez pas en Dieu, et vous aliez à la messe! Mon cher maître, vous êtes tenu de me répondre.

— Je ressemble à beaucoup de dévots, à des hommes profondément religieux en apparence, mais tout aussi athées que nous pouvons l'être, vous et moi.

Et ce fut un torrent d'épigrammes sur quelques personnages politiques, dont le plus connu nous offre en ce siècle une nouvelle édition du *Tartufe* de Molière.

— Je ne vous demande pas tout cela, dit Bianchon, je

veux savoir la raison de ce que vous venez de faire ici,
pourquoi vous avez fondé cette messe.

— Ma foi, mon cher ami, dit Desplein, je suis sur le
bord de ma tombe, je puis bien vous parler des commence-
ments de ma vie.

En ce moment Bianchon et le grand homme se trouvaient dans la rue des Quatre-Vents, une des plus horribles
rues de Paris. Desplein montra le sixième étage d'une de
ces maisons qui ressemblent à un obélisque, dont la porte
bâtarde[1] donne sur une allée au bout de laquelle est un
tortueux escalier éclairé par des jours justement nommés
des *jours de souffrance*. C'était une maison verdâtre, au
rez-de-chaussée de laquelle habitait un marchand de
meubles, et qui paraissait loger à chacun de ses étages une
différente misère. En levant le bras par un mouvement
plein d'énergie, Desplein dit à Bianchon: — J'ai demeuré
là-haut deux ans!

— Je le sais, d'Arthez[2] y a demeuré, j'y suis venu
presque tous les jours pendant ma première jeunesse, nous
l'appelions alors le *bocal aux grands hommes!* Après?

— La messe que je viens d'entendre est liée à des événements qui se sont accomplis alors que j'habitais la mansarde où vous me dites qu'a demeuré d'Arthez, celle à la
fenêtre de laquelle flotte une corde chargée de linge au-
dessus d'un pot de fleurs. J'ai eu de si rudes commence-
ments, mon cher Bianchon, que je puis disputer à qui que
ce soit la palme des souffrances parisiennes. J'ai tout sup-
porté: faim, soif, manque d'argent, manque d'habits, de
chaussure et de linge, tout ce que la misère a de plus dur.
J'ai soufflé sur mes doigts engourdis dans ce *bocal aux
grands hommes*, que je voudrais aller revoir avec vous.
J'ai travaillé pendant un hiver en voyant fumer ma tête,
et distinguant l'air de ma transpiration comme nous
voyons celle des chevaux par un jour de gelée. Je ne sais
où l'on prend son point d'appui pour résister à cette vie.

[1] Front door.
[2] Daniel d'Arthez appears in several of Balzac's stories. In *Les Secrets
de la Princesse de Cadignan* he stands for Balzac himself

J'étais seul, sans secours, sans un sou ni pour acheter des
livres ni pour payer les frais de mon éducation médicale;
sans un ami: mon caractère irascible, ombrageux, inquiet
me desservait. Personne ne voulait voir dans mes irrita-
tions le malaise et le travail d'un homme qui, du fond de
l'état social où il est, s'agite pour arriver à la surface. Mais
j'avais, je puis vous le dire, à vous devant qui je n'ai pas
besoin de me draper, j'avais ce lit de bons sentiments et
de sensibilité vive qui sera toujours l'apanage des hommes
assez forts pour grimper sur un sommet quelconque, après
avoir piétiné longtemps dans les marécages de la Misère.
Je ne pouvais rien tirer de ma famille, ni de mon pays, au
delà de l'insuffisante pension qu'on me faisait. Enfin, à
cette époque, je mangeais le matin un petit pain que le
boulanger de la rue du Petit-Lion me vendait moins cher
parce qu'il était de la veille ou de l'avant-veille, et je
l'émiettais dans du lait: mon repas du matin ne me coûtait
ainsi que deux sous. Je ne dînais que tous les deux jours
dans une pension où le dîner coûtait seize sous. Je ne
dépensais ainsi que neuf sous par jour. Vous connaissez
aussi bien que moi quel soin je pouvais avoir de mes habits
et de ma chaussure! Je ne sais pas si plus tard nous
éprouvons autant de chagrin par la trahison d'un confrère
que nous en avons éprouvé, vous comme moi, en apercevant la rieuse grimace d'un soulier qui se découd, en entendant craquer l'entournure d'une redingote. Je ne buvais
que de l'eau, j'avais le plus grand respect pour les Cafés.
Zoppi m'apparaissait comme une terre promise où les
Lucullus du pays latin avaient seuls droit de présence. —
Pourrais-je jamais, me disais-je parfois, y prendre une
tasse de café à la crême, y jouer une partie de dominos?
Enfin, je reportais dans mes travaux la rage que m'inspirait la misère. Je tâchais d'accaparer des connaissances
positives afin d'avoir une immense valeur personnelle, pour
mériter la place à laquelle j'arriverais le jour où je serais
sorti de mon néant. Je consommais plus d'huile que de
pain: la lumière qui m'éclairait pendant ces nuits obstinées
me coûtait plus cher que ma nourriture. Ce duel a été

long, opiniâtre, sans consolation. Je ne réveillais aucune sympathie autour de moi. Pour avoir des amis, ne faut-il pas se lier avec des jeunes gens, posséder quelques sous afin d'aller gobeloter[1] avec eux, se rendre ensemble partout où vont des étudiants! Je n'avais rien! Et personne à Paris ne se figure que *rien* est *rien*. Quand il s'agissait de découvrir mes misères, j'éprouvais au gosier cette contraction nerveuse qui fait croire à nos malades qu'il leur remonte une boule de l'œsophage dans le larynx. J'ai plus tard rencontré de ces gens, nés riches, qui, n'ayant jamais manqué de rien, ne connaissent pas le problème de cette règle de trois: *Un jeune homme* EST *au crime comme une pièce de cent sous* EST *à* X. Ces imbéciles dorés me disent: — Pourquoi donc faisiez-vous des dettes? pourquoi donc contractiez-vous des obligations onéreuses? Ils me font l'effet de cette princesse qui, sachant que le peuple crevait de faim, disait: — Pourquoi n'achète-t-il pas de la brioche? Je voudrais bien voir l'un de ces riches, qui se plaint que je lui prends trop cher quand il faut l'opérer, seul dans Paris, sans sou ni maille, sans un ami, sans crédit, et forcé de travailler de ses cinq doigts pour vivre! Que ferait-il? où irait-il apaiser sa faim? Bianchon, si vous m'avez vu quelquefois amer et dur, je superposais alors mes premières douleurs sur l'insensibilité, sur l'égoïsme desquels j'ai eu des milliers de preuves dans les hautes sphères; ou bien je pensais aux obstacles que la haine, l'envie, la jalousie, la calomnie ont élevés entre le succès et moi. A Paris, quand certaines gens vous voient prêts à mettre le pied à l'étrier, les uns vous tirent par le pan de votre habit, les autres lâchent la boucle de la sous-ventrière pour que vous vous cassiez la tête en tombant; celui-ci vous déferre le cheval, celui-là vous vole le fouet: le moins traître est celui que vous voyez venir pour vous tirer un coup de pistolet à bout portant. Vous avez assez de talent, mon cher enfant, pour connaître bientôt la bataille horrible, incessante que la médiocrité livre à l'homme supérieur. Si vous perdez vingt-cinq louis un soir, le lendemain vous serez accusé

[1] To drink.

d'être un joueur, et vos meilleurs amis diront que vous avez perdu la veille vingt-cinq mille francs. Ayez mal à la tête, vous passerez pour un fou. Ayez une vivacité, vous serez insociable. Si, pour résister à ce bataillon de pygmées, vous rassemblez en vous des forces supérieures, vos meilleurs amis s'écrieront que vous voulez tout dévorer, que vous avez la prétention de dominer, de tyranniser. Enfin vos qualités deviendront des défauts, vos défauts deviendront des vices, et vos vertus seront des crimes. Si vous avez sauvé quelqu'un, vous l'aurez tué; si votre malade reparaît, il sera constant que vous aurez assuré le présent aux dépens de l'avenir; s'il n'est pas mort, il mourra. Bronchez, vous serez tombé! Inventez quoi que ce soit, réclamez vos droits, vous serez un homme difficultueux, un homme fin, qui ne veut pas laisser arriver les jeunes gens. Ainsi, mon cher, si je ne crois pas en Dieu, je crois encore moins à l'homme. Ne connaissez-vous pas en moi un Desplein entièrement différent du Desplein de qui chacun médit? Mais ne fouillons pas dans ce tas de boue. Donc, j'habitais cette maison, j'étais à travailler pour pouvoir passer mon premier examen, et je n'avais pas un liard. Vous savez! j'étais arrivé à l'une de ces dernières extrémités où l'on se dit : *Je m'engagerai!* J'avais un espoir. J'attendais de mon pays une malle pleine de linge, un présent de ces vieilles tantes qui, ne connaissant rien de Paris, pensent à vos chemises, en s'imaginant qu'avec trente francs par mois leur neveu mange des ortolans. La malle arriva pendant que j'étais à l'École : elle avait coûté quarante francs de port; le portier, un cordonnier allemand logé dans une soupente, les avait payés et gardait la malle. Je me suis promené dans la rue des Fossés-Saint-Germain-des-Prés et dans la rue de l'École-de-Médecine, sans pouvoir inventer un stratagème qui me livrât ma malle sans être obligé de donner les quarante francs que j'aurais naturellement payés après avoir vendu le linge. Ma stupidité me fit deviner que je n'avais pas d'autre vocation que la chirurgie. Mon cher, les âmes délicates, dont la force s'exerce dans une sphère élevée, manquent de cet esprit d'intrigue, fertile en ressources, en combinaisons; leur génie, à elles, c'est le hasard: elles ne cherchent pas, elles rencontrent. Enfin, je revins à la nuit, au moment où rentrait mon voisin, un porteur d'eau nommé Bourgeat, un homme de Saint-Flour[1]. Nous nous connaissions comme se connaissent deux locataires qui ont chacun leur chambre sur le même carré, qui s'entendent dormant, toussant, s'habillant, et qui finissent par s'habituer l'un à l'autre. Mon voisin m'apprit que le propriétaire, auquel je devais trois termes, m'avait mis à la porte: il me faudrait déguerpir le lendemain. Lui-même était chassé à cause de sa profession. Je passai la nuit la plus douloureuse de ma vie. — Où prendre un commissionnaire pour emporter mon pauvre ménage, mes livres? comment payer le commissionnaire et le portier? où aller? Ces questions insolubles, je les répétais dans les larmes, comme les fous redisent leurs refrains. Je dormis. La misère a pour elle un divin sommeil plein de beaux rêves. Le lendemain matin, au moment où je mangeais mon écuellée de pain émietté dans mon lait, Bourgeat entre et me dit en mauvais français: "Monchieur l'étudiant, che chuis un pauvre homme, enfant trouvé de l'hôpital de Chain-Flour, chans père ni mère, et qui ne chuis pas assez riche pour me marier. Vous n'êtes pas non plus fertile en parents, ni garni de che qui che compte. Écoutez, j'ai en bas une charrette à bras que j'ai louée à deux chous l'heure, toutes nos affaires peuvent y tenir; si vous voulez, nous chercherons à nous loger de compagnie, puisque nous chommes chassés d'ici. Che n'est pas après tout le paradis terrestre. — Je le sais bien, lui dis-je, mon brave Bourgeat. Mais je suis bien embarrassé, j'ai en bas une malle qui contient pour cent écus de linge, avec lequel je pourrais payer le propriétaire et ce que je dois au portier, et je n'ai pas cent sous. — Bah! j'ai quelques monnerons, me répondit joyeusement Bourgeat en me montrant une vieille bourse en cuir crasseux. Gardez vostre linge." Bourgeat paya mes

[1] The second town in importance of the Cantal, strikingly situated on the top of a basalt plateau.

trois termes, le sien, et solda le portier. Puis, il mit nos meubles, mon linge dans sa charrette, et la traîna par les rues en s'arrêtant devant chaque maison où pendait un écriteau. Moi, je montais pour aller voir si le local à louer pouvait nous convenir. A midi nous errions encore dans le quartier latin sans y avoir rien trouvé. Le prix était un grand obstacle. Bourgeat me proposa de déjeuner chez un marchand de vin, à la porte duquel nous laissâmes la charrette. Vers le soir, je découvris dans la cour de Rohan, passage du Commerce, en haut d'une maison, sous les toits, deux chambres séparées par l'escalier. Nous eûmes chacun pour soixante francs de loyer par an. Nous voilà casés, moi et mon humble ami. Nous dînâmes ensemble. Bourgeat, qui gagnait environ cinquante sous par jour, possédait environ cent écus, il allait bientôt pouvoir réaliser son ambition en achetant un tonneau et un cheval. En apprenant ma situation, car il me tira mes secrets avec une profondeur matoise et une bonhomie dont le souvenir me remue encore aujourd'hui le cœur, il renonça pour quelque temps à l'ambition de toute sa vie: Bourgeat était marchand à la voie depuis vingt-deux ans, il sacrifia ses cent écus à mon avenir.

Ici Desplein serra violemment le bras de Bianchon.

— Il me donna l'argent nécessaire à mes examens! Cet homme, mon ami, comprit que j'avais une mission, que les besoins de mon intelligence passaient avant les siens. Il s'occupa de moi, il m'appelait son *petit*, il me prêta l'argent nécessaire à mes achats de livres, il venait quelquefois tout doucement me voir travaillant; enfin il prit des précautions maternelles pour que je substituasse à la nourriture insuffisante et mauvaise à laquelle j'étais condamné, une nourriture saine et abondante. Bourgeat, homme d'environ quarante ans, avait une figure bourgeoise du Moyen-Age, un front bombé, une tête qu'un peintre aurait pu faire poser comme modèle pour un Lycurgue. Le pauvre homme se sentait le cœur gros d'affections à placer; il n'avait jamais été aimé que par un caniche mort depuis peu de temps, et dont il me parlait

toujours en me demandant si je croyais que l'Église con-
sentirait à dire des messes pour le repos de son âme. Son
chien était, disait-il, un vrai chrétien, qui, durant douze
années, l'avait accompagné à l'église sans avoir jamais
aboyé, écoutant les orgues sans ouvrir la gueule, et restant
accroupi près de lui d'un air qui lui faisait croire qu'il
priait avec lui. Cet homme reporta sur moi toutes ses
affections: il m'accepta comme un être seul et souffrant; il
devint pour moi la mère la plus attentive, le bienfaiteur le
plus délicat, enfin l'idéal de cette vertu qui se complaît
dans son œuvre. Quand je le rencontrais dans la rue, il
me jetait un regard d'intelligence plein d'une inconcevable
noblesse: il affectait alors de marcher comme s'il ne portait
rien, il paraissait heureux de me voir en bonne santé, bien
vêtu. Ce fut enfin le dévouement du peuple, l'amour de
la grisette reporté dans une sphère élevée. Bourgeat faisait
mes commissions, il m'éveillait la nuit aux heures dites, il
nettoyait ma lampe, frottait notre palier; aussi bon
domestique que bon père, et propre comme une fille
anglaise. Il faisait le ménage. Comme Philopémen[1], il
sciait notre bois, et communiquait à toutes ses actions la
simplicité du faire, en y gardant sa dignité, car il semblait
comprendre que le but ennoblissait tout. Quand je quittai
ce brave homme pour entrer à l'Hôtel-Dieu comme interne,
il éprouva je ne sais quelle douleur morne en songeant
qu'il ne pourrait plus vivre avec moi; mais il se consola par
la perspective d'amasser l'argent nécessaire aux dépenses
de ma thèse, et il me fit promettre de le venir voir les jours
de sortie. Bourgeat était fier de moi, il m'aimait pour
moi et pour lui. Si vous recherchiez ma thèse, vous verriez
qu'elle lui a été dédiée. Dans la dernière année de mon
internat, j'avais gagné assez d'argent pour rendre tout ce
que je devais à ce digne Auvergnat en lui achetant un
cheval et un tonneau, il fut outré de colère de savoir que
je me privais de mon argent, et néanmoins il était enchanté
de voir ses souhaits réalisés; il riait et me grondait, il re-

---

[1] General of the Achaean League, one of the few great men whom
Greece produced in her decline.

gardait son tonneau, son cheval, et s'essuyait une larme
en me disant : — C'est mal ! Ah ! le beau tonneau ! Vous
avez eu tort, le cheval est fort comme un Auvergnat. Je
n'ai rien vu de plus touchant que cette scène. Bourgeat
voulut absolument m'acheter cette trousse garnie en argent que vous avez vue dans mon cabinet, et qui en est
pour moi la chose la plus précieuse. Quoique enivré par
mes premiers succès, il ne lui est jamais échappé la moindre
parole, le moindre geste qui voulussent dire : *C'est à moi
qu'est dû cet homme !* Et cependant sans lui la misère
m'aurait tué. Le pauvre homme s'était exterminé pour
moi : il n'avait mangé que du pain frotté d'ail, afin que
j'eusse du café pour suffire à mes veilles. Il tomba malade.
J'ai passé, comme vous l'imaginez, les nuits à son chevet, je
l'ai tiré d'affaire la première fois ; mais il eut une rechute
deux ans après, et malgré les soins les plus assidus, malgré
les plus grands efforts de la science, il dut succomber.
Jamais roi ne fut soigné comme il le fut. Oui, Bianchon,
j'ai tenté, pour arracher cette vie à la mort, des choses
inouïes. Je voulais le faire vivre assez pour le rendre témoin de son ouvrage, pour lui réaliser tous ses vœux, pour
satisfaire la seule reconnaissance qui m'ait empli le cœur,
pour éteindre un foyer qui me brûle encore aujourd'hui !
— Bourgeat, reprit après une pause Desplein visible-
ment ému, mon second père est mort dans mes bras, me
laissant tout ce qu'il possédait par un testament qu'il
avait fait chez un écrivain public, et daté de l'année où nous
étions venus nous loger dans la cour de Rohan. Cet homme
avait la foi du charbonnier. Il aimait la sainte Vierge
comme il eût aimé sa femme. Catholique ardent, il ne
m'avait jamais dit un mot sur mon irréligion. Quand il
fut en danger, il me pria de ne rien ménager pour qu'il eût
les secours de l'Église. Je fis dire tous les jours la messe
pour lui. Souvent, pendant la nuit, il me témoignait des
craintes sur son avenir, il craignait de ne pas avoir vécu
assez saintement. Le pauvre homme ! il travaillait du
matin au soir. A qui donc appartiendrait le paradis, s'il
y a un paradis ? Il a été administré comme un saint qu'il

était, et sa mort fut digne de sa vie. Son convoi ne fut suivi que par moi. Quand j'eus mis en terre mon unique bienfaiteur, je cherchai comment m'acquitter envers lui; je m'aperçus qu'il n'avait ni famille, ni amis, ni femme, ni enfants. Mais il croyait! il avait une conviction religieuse, avais-je le droit de la discuter? Il m'avait timidement parlé des messes dites pour le repos des morts, il ne voulait pas m'imposer ce devoir, en pensant que ce serait faire payer ses services. Aussitôt que j'ai pu établir une fondation, j'ai donné à Saint-Sulpice la somme nécessaire pour y faire dire quatre messes par an. Comme la seule chose que je puisse offrir à Bourgeat est la satisfaction de ses pieux désirs, le jour où se dit cette messe, au commencement de chaque saison, j'y vais en son nom, et récite pour lui les prières voulues. Je dis avec la bonne foi du douteur: "Mon Dieu, s'il est une sphère où tu mettes après leur mort ceux qui ont été parfaits, pense au bon Bourgeat; et s'il y a quelque chose à souffrir pour lui, donne-moi ses souffrances, afin de le faire entrer plus vite dans ce que l'on appelle le paradis." Voilà, mon cher, tout ce qu'un homme qui a mes opinions peut se permettre. Dieu doit être un bon diable, il ne saurait m'en vouloir. Je vous le jure, je donnerais ma fortune pour que la croyance de Bourgeat pût m'entrer dans la cervelle.

Bianchon, qui soigna Desplein dans sa dernière maladie, n'ose pas affirmer aujourd'hui que l'illustre chirurgien soit mort athée. Des croyants n'aimeront-ils pas à penser que l'humble Auvergnat sera venu lui ouvrir la porte du ciel, comme il lui ouvrit jadis la porte du temple terrestre au fronton duquel se lit: *Aux grands hommes la patrie reconnaissante!*[1]

---

[1] The Panthéon.

For EU product safety concerns, contact us at Calle de José Abascal, 56–1°, 28003 Madrid, Spain or eugpsr@cambridge.org.

www.ingramcontent.com/pod-product-compliance
Ingram Content Group UK Ltd.
Pitfield, Milton Keynes, MK11 3LW, UK
UKHW020316140625
459647UK00018B/1899